부동산으로 시작하는
월급쟁이 탈출 프로젝트

싸 게 사 고 똑 똑 하 게 투 자 하 는

부동산으로 시작하는 월급쟁이 탈출 프로젝트

빠른느림보, 호랭이아빠 지음

두드림미디어

프롤로그

저는 직장인입니다. 매달 월급을 기다리는 월급쟁이입니다. 지금의 월급을 받기 위해 꽤 많은 노력을 했습니다. 중고등학교 때 좋은 성적을 얻기 위해 시험공부를 열심히 했고, 심지어 대학에 들어가서도 경쟁력 있는 대학원에 진학하기 위해 노력했습니다. 다행히 결과가 좋았습니다. 학위를 받고 곧장 대기업에 입사했습니다. 원하는 바를 이룬 셈입니다. 안정적인 미래가 펼쳐질 거라고 생각했습니다.

월급이 적지 않았습니다. 그럼에도 돈 모으는 것이 쉽지 않았습니다. 10년 후의 미래조차 장담할 수 없었습니다. 외벌이에 다자녀를 둔 가장은 철인이어야 했습니다. 아파서도 안 되고, 사고가 나서도 안 되었습니다. 운이 좋아 정년퇴직을 한다고 해도 안정된 노후는 기대하기 어려웠습니다. 대기업에 입사하면 모든 것이 해결될 것 같았던 저의 희망은 신기루일 뿐이었습니다. 이 사실을 깨닫고 나니 한편으로 허무했습니다.

그간의 노력이 무의미하게 느껴졌습니다. 큰 변화가 필요했습니다. 그동안 살아왔던 방식에서 벗어나야 했습니다. 생각부터 바꿔야 했습니다. 남이 시키는 일을 한 댓가로 받은 월급은 안정적인 현재를 제공할 뿐 여유 있는 미래를 보장하지 않는다는 사실을 인지한 이상 뭔가는 해야 했습니다. 그렇다고 직장을 그만두고 새로운 길을 찾을 용기는 없었습니다. 미래를 위해 현재를 혼탁하게 만들고 싶지는 않았습니다. 가족들도 힘들어질테니까요. 월급을 받으면서 투자 활동을 해야만 했습니다. 이 또한 두려웠습니다. 하지만 나와 우리 가족의 미래를 위해서 그 두려움은 이겨내야 했습니다. 투자 공부를 하고 내 집 마련부터 했습니다. 그리고 '내 집 마련'을 할 때 공부한 것을 활용해서 첫 투자를 했습니다. 막상 해보니 생각했던 것보다 어렵지 않았습니다. 내딛는 첫 발이 가장 힘든 법입니다. 두 번째, 세 번째 투자는 처음 투자보다 더 수월했습니다. 경험치가 쌓인 것도 있고, 투자 공부를 꾸준히 한 영향도 있었을 것입니다.

이제 투자 공부와 투자는 저의 일상이 되었습니다. 그리고 다행히 결과가 좋았습니다. 안정적인 노후 생활을 누릴 만큼 자산을 쌓았습니다. 이제는 절박하게 월급을 받지 않아도 됩니다. 더 이상 직장 생활이 월급을 받기 위해 무조건 해야 하는 일은 아니게 되었습니다. 지금은 저의 발전을 위한 장소로 여기고 있습니다. 저를 부러워하는 지인들이 많습니다. 그들도 저처럼 투자를 하고 싶어합니다. 그러나 실행을 주저합니다. 평소 하지 않았던 낯선 것에 대한 두려움 때문입니다.

많은 월급쟁이들이 비슷한 마음일 겁니다. 그래서 부자가 되고 싶은 마음은 있지만 실행을 주저하는 분들에게 도움을 주고 싶다고 생각했습니다. 저도 같은 경험을 했기에 평범한 직장인도 할 수 있다는 자신감을 드리고 싶었습니다. 그래서 책으로 제 경험을 전달하고, 또 쉬운 방법으로 투자할 수 있는 방법을 알려드리고 싶었습니다. 때마침 출판사에서 제안이 들어와 글을 썼습니다. 처음 글을 쓰기 시작했을 때가 부동산 상승이 한창 진행되던 2020년이었습니다. 출간은 빨라도 2021년 1분기로 예상했습니다. 상승기의 막바지일 수 있는 시기라고 판단했습니다. 책은 잘 팔리겠지만 책을 읽고 처음 투자를 시작한 분들은 손실을 볼 수 있다는 걱정이 앞섰습니다. 그리고 과연 제가 제 경험을 공유할 만큼의 내공이 있는지에 대한 의구심도 들었습니다. 글을 절반정도 쓰고 잠시 덮어두었습니다.

2022년 말, 부동산 시장은 금리 급등과 함께 급락했습니다. 책 출간을 하지 않은 것을 다행이라고 생각했습니다. 그리고 시장이 수직 하강하던 시기에 마음의 동요가 없을 만큼 저에게도 내공이 생겼음을 느꼈습니다. 글을 다시 쓰기 시작했습니다. 직장인들도 쉽게 투자에 다가갈 수 있게 쓰려고 노력했습니다. 하락장을 겪으면서 마인드 컨트롤이 중요하다는 것을 새삼 느껴 그 부분을 강조했습니다.

누구나 할 수 있습니다. 첫 발을 내딛기 위한 용기만 가져보세요. 이 책이 여러분의 투자에 큰 도움과 자신감을 드리기를 간절히 바랍니다.

빠른느림보, 호랭이아빠

CONTENTS

1. 투자가 어려운 이유 - 사람은 원래 그래

2. 판을 바꾸자

3. 돈 공부를 하자

4. 부동산 투자는 직장인에게 최고의 재테크

5. 부동산 투자의 핵심 – 싸게 사는 방법

6. 부동산 투자 고민 해결

1

투자가 어려운 이유
- 사람은 원래 그래

월급쟁이 노예에
적응되어 있다

근로자를 흔히 현대판 노예라고 한다. 당신이 근로자라면 '내가 노예야?'라고 생각할 것이다. 노예라는 단어에 거부감이 들기 때문이다. 하지만 이것을 부정하기도 어렵다. 우리는 먹고살 돈을 마련하려고 직장에 다닌다. 월급이 없으면 살아가기 어렵다. 조선시대에도 먹고살기 위해 부잣집에 스스로 노예로 들어가는 경우가 허다했다. 밥은 먹을 수 있었기 때문이다. 이런 측면만 보면 월급쟁이가 현대판 노예라는 주장이 근거가 없는 것도 아니다.

월급쟁이 노예는 정해진 장소에 출근, 그리고 정해진 만큼의 일을 하면 매달 일정한 급여를 받는다. 최근 재택 근무가 늘었다고는 하나 소수다. 일하는 기간이 길어질수록 월급은 늘어난다. 하지만 그만큼 업무량도 많아진다. 책임질 일도 늘어난다. 업무로 인한 스트레스와 함께 직장 내 인간관계나 조직 문화 등으로 인해 정신적으로 지치기도 한다. 월급쟁이들은 근로계약서에 의해 근로 조건이 정해진다. 근로계약서는 개인의 성장이나 발전보다는 회사에 도움이 되는 업무 위주로 작성된다. 한 회사에서 오랜 기간 근무하면 개인의 전문성이 올라가기도 하나 제약이 더 크게 생긴다. 근무 기간이 늘어날수록 그 회사에 맞는 일만 할 수 있어 이직이 쉽지 않기 때문이다. 늘어난 월급은 이직할 수 있는 회사의 선택지를 줄어들게 만든다. 지금 받는 급여보다 더 적게 받으면 생활비를 조정해야 한다. 가족 모두에게 영향을 준다. 쉽지 않은 일이다.

이런 현실을 깨닫는 순간 당당함은 사라지고 자신감도 잃게 된다. 회사에서 시키는 일을 할 수밖에 없는 처지에 놓이게 된다.

직장에서 오랜 기간 일한 선배들을 보자. 그들의 삶이 어떠한가? 직장에서 과연 당당하게 자기주장을 하고 있는지, 아니면 억지로 시키는 것만 하고 있는지 말이다. 당신에게도 곧 벌어질 일이다. 심리학 연구에 따르면 사람은 불행한 일이 자기에게 벌어질 확률을 상대적으로 더 낮게 생각하는 경향이 있다고 한다. 미래에 일어날 나쁜 일에 대처하기보다는 그 일이 나에게는 일어나지 않을 것이라고 생각을 바꾸는 게 편하기 때문이다. 냉정해지자. 직장 선배들의 모습이 당신의 미래다. 당신은 다를 것이라고 생각하는 오류에서 벗어나자. 회사에 끌려가는 삶도 괜찮다면 지금 당장 이 책을 덮는 게 좋다. 그게 아니라면, 월급쟁이 노예에서 탈출하기 위한 방법을 지금부터 찾아보자.

첫 번째 방법은 부업을 하는 것이다. 최근 젊은 직장인들 사이에서 부업이 유행이다. 당연한 사회 현상이다. 물가는 오르고 소비할 것도 많아지는데 월급은 그만큼 오르지 않았기 때문이다. 부업의 종류도 다양하다. 온라인 물품 판매, 디지털 광고, 배달, SNS를 활용한 광고, 번역, 디자인 등 수많은 종류의 부업이 있다. 하지만 퇴근 후 부업을 하는 것이 현실적으로 쉽지는 않다. 몸이 고된 일이다. 하루 8시간 이상 직장에서 육체적 노동과 정신적 노동을 한 후, 추가적으로 뭔가를 한다는 게 쉽지 않다. 그래서 부업에 많은 시간을 투입하기는 어려우니 효율적인 부업을 찾아야 한다. 투입 시간 대비 얻는 수입은 커야 한다. 직장 업무나 전공과 관련된 부업이면 더욱 좋다. 직장에서 하는 일이 부수입을 늘리는 데 도움이 되기 때문이다. 회사 업무가 나에게 도움이 되니 싫지 않을 것이다. 부업을 하고 싶지만 고민만 많은 사람들이 있다. '돈이 될까? 내가 할 수 있을까?' 당연히 많이 걱정될 것이다. 안 해본 일이기 때문이다. 하지만 어떤 부업을 할지 고민하는 시간은 짧아야 한다. 해보지 않은 일이기 때문에 머릿속으로 예측하는 것은 어렵다. 예상대로 될 가능성도 희박하다. 작은 일이라도 우선 시작해야 한다. 작은 성과라도 이룬 후에 더 할지 말지 결정하는 것이 현명하다. '이게 될까?' 하고 고민하고 망설이면 시작조차 할 수 없는 게 부업이다. 부업은 추가 수입을 얻는다는 이점도 있지만 직장 월급보다 더 많은 돈을 벌 수 있는 기회를 얻는 효과도 있다. 또 부업으로 얻어지는 인적 네트워크 또한 무시하지 못한다. 부업은 스스로 더 성장하는 계기가 될 수 있다.

두 번째 방법은 투자로 돈을 버는 것이다. 처음 투자할 때는 월급에 비해 투자 소득이 미미할 것이다. 노력 대비 소득이 크지 않으니 금방 좌절할 수도 있다. 그 고비를 넘기고 제대로 된 투자 방법을 깨우치면 투자 소득은 기하급수적으로 늘어난다. 투자 소득이 월급을 역전할 것이다. 월급이 필요 없을 만큼 자산을 쌓으면 직장 생활의 의미가 달라진다. 직장 생활이 생계를 위한 수입 활동이라는 단순한 의미에 머무르지 않고, 자신의 능력을 증명하고, 사회적 지위를 높이는 수단이 된다. 인간관계를 맺고 경험을 쌓는 등, 직장 생활은 지금보다 훨씬 크고, 더 다양한 의미와 가치를 갖는다. 시키는 일을 억지로 하는 직장 생활이 아닌 스스로 즐기면서 하는 직장 생활로 바뀌게 된다. 그리고 언제든 직장을 그만둘 수 있다면 더 이상 노예가 아니다. '을'의 위치에 있는 게 아니라 회사와 당당한 비즈니스 관계로 바뀌는 것이다.

본업인 직장 생활을 소홀히 하라는 말이 아니다. 근무 시간에는 회사 일에 몰두해야 한다. 그리고 직장 생활 경험이 부업이나 투자에 활용될 수 있도록 해야 한다. 이렇게 하면 직장 생활이 생계를 위한 노동이라고 생각할 때보다 더 즐거울 것이다. 젊었을 때 생계를 위해 노동하고, 나이가 들면 회사에서 버려지는 노예의 삶에서 벗어나자. 우리의 소득을 다른 사람이 결정하는 소극적인 삶에서 벗어나 우리가 사장이 되는 주체적인 삶으로 발전시켜보자.

부자는 소수라는
사실을 모른다

좋은 대학, 좋은 직장에 들어가면 성공하는 줄 알았다. 성공의 기준이 사람마다 다르겠지만 최소한 돈 걱정은 안 할 줄 알았다. 이런 이유로 부모님도 공부하라고 하셨을 것이다. 나 또한 열심히 공부했다. 누구보다 편하게 사는 걸 좋아했기 때문에 당장 나를 채찍질했다. 다행히 좋은 대학에 진학했다. 남들은 대학 생활을 즐겼지만 나는 더 좋은 대학원에 진학하기 위해 또다시 부지런히 공부했다. 노력 덕분인지 우리나라 최고라 불리는 대학원 진학에 성공했다. 그곳에서 박사학위를 받고 큰 기업에 입사했다.

학위를 받느라 오랜 시간 학교에 있었다. 학생 때 결혼하고 아이도 낳는 바람에 모아놓은 돈은 조금도 없었다. 그러나 이제 좋은 기업에 들어갔으니 돈 걱정은 전혀 하지 않았다. 박사 경력을 인정받아 직급이 높았고, 연봉도 같은 또래에 비하면 꽤 높았다. 내 집은 10년 동안 열심히 모으면 살 수 있을 거라고 생각했다. 제대로 계산도 안 해보고 막연하게 희망을 가졌다. 그렇게 직장 생활을 시작했다.

첫 2년은 괜찮았다. 학교에 있을 때 받았던 적은 돈에 비하면 아주 큰 월급을 받았기 때문이다. 학교에서는 아침부터 밤 늦게까지 일해야 했고, 교수님께 혼나면서 일해야 했던 것과 비교하면 회사는 천국이었다. 야근을 해도 박사 때와 비교하면 적은 시간을 일했고, 월급은 비교할 수 없을 정도로 많았다.

그러던 중 첫째도 컸고 둘째도 태어나면서 삶이 팍팍해졌다. 남들보다 더 어려운 일을 하고 연봉도 높다고 생각했는데 나의 삶은 여전히 팍팍했다. 돈은 생각보다 잘 모이지 않았고, 여전히 바쁘게 일해야 했다. 좋은 회사에 들어가서 직급이 높아지면 내 삶이 더 좋아질 것이라는 생각에도 균열이 가기 시작했다. 이렇게 10년, 20년 일한다고 내 삶이 더 나아질 수 있을까? 10년 뒤 내 집을 마련할 수 있을까? 그렇게 10년 뒤 집을 마련한다고 해서 여유로운 삶을 살 수 있을까? 걱정스러웠다.

내 삶을 변화시키기 위해 내가 지금 무엇을 할 수 있을까 고민하기 시작했다. 그러던 중 불현듯 든 생각이 '부자는 소수다!'였다. 그 말은 즉, 남들과 똑같은 삶을 살아가면 나는 절대 부자가 될 수 없다는 뜻이었다. 맞다. 나도 그냥 직장인이었다. 무엇을 하든지 남들과 다른 선택을 해야 한다는 생각이 들었다. 새로운 시도를 해야 할 타이밍이었다. 그냥 살짝 무언가 시작해볼까 하는 생각만으로는 부족했다. 제대로 올인해보겠다는 마음이 들었다. 나는 굉장히 간절했다.

사람은 군중심리와 대중심리를 갖고 있다. 많은 사람들이 움직이는 방향으로 나도 따라가는 게 안전하다는 생각이 깊은 곳에 뿌리박혀 있다. 나 혼자 간다는 생각이 들면 걱정과 두려움이 가득 차게 된다. 남들이 안 하는 걸 하기가 쉽지 않고 남들이 하면 무작정 따라 하는게 사람의 본성이다.

무언가 유행하면 너도나도 따라서 한다. 탕후루가 유행하니 탕후루 매장들이 우후죽순 생기고, 마라탕이 유행하니 마라탕 가게가 여러 개 생기는 것도 군중심리의 특성이다.

투자 세계에서도 똑같은 현상이 벌어진다. 남들이 사면 나도 사야 할 것 같고 남들이 안 사면 나도 사면 안 될 것 같은 기분이 든다. 다른 사람들이 하는 대로 따라 하면 왠지 나도 잘하는 것 같은 느낌이 든다. 불확실성이 신뢰로 바뀌는 것이다. 하지만 그런 삶의 방식으로는 절대 부자가 될 수 없다. 왜냐하면 부자는 소수니까.

부자를 따라 하기보다는
욕하기가 쉽다

우리 사회에서 부자에 대한 인식은 좋지 않다. 여러 이유가 있겠지만 두 가지가 주된 원인이라고 생각한다.

첫 번째는 질투심이다.

사람은 자신이 갖지 못한 것을 갖고 있는 사람에게 질투심을 느낀다. 이것은 본능이다. 질투심이 긍정적으로 발전하면 질투의 대상을 동경하게 된다. '나도 저렇게 되고 싶다' 혹은 '나도 그것을 갖고 싶다'는 마음이 생기면서 질투심이 동기부여가 된다. 새로운 것을 탐구하는 호기심과 더 좋은 것을 갖고 싶은 욕망인 질투심이 우리 사회를 발전시켰다. 그러나 질투심이 부정적으로 작용하면 미움이 된다. 특히 우리가 노력해도 가질 수 없는 것을 보유한 사람에게는 미워하는 감정이 더 크게 생길 수 있다. 그리고 바꿀 수 없는 사실을 핑계 삼아 갖고 싶은 욕망을 포기하기도 한다.

예를 들어 달리기를 잘하는 친구가 부럽고 나도 달리기를 잘하고 싶지만 '쟤는 타고난 재능이 있어서 내가 노력해도 따라잡을 수 없어'라고 생각하며 포기해버린다. 타고난 재능은 우리가 바꿀 수 없다. 그것을 핑계 삼아 달리기를 잘하고 싶은 마음을 숨긴다. 포기했으니 노력마저 하지 않게 된다. 이솝우화 〈포도와 여우〉에도 이런 이야기가 나온다. 여우는 포도를 따기 위해 여러 번 시도한다. 하지만 계속 실패한다. 결국 포도를 따지 못한 여우는 그냥 포도를 따려 시도해본 것일 뿐 정말 포도가 먹고 싶었던 것은 아니라고 자신의 생각을 바꾸는 것이다. 심지어 여우는 포도는 셔서 맛이 없을 거라고 생각하게 된다. 포도 따는 것을 포기한 자신을 합리화한 것이다.

부자 친구를 대상으로 '저 친구는 부모를 잘 만나서 돈이 많은 거야'라며 바꿀 수 없는 사실을 핑계 삼아 부자가 되고 싶은 자신의 마음을 숨긴다. 하지만 우리 내면의 진짜 욕망이 사라진 것은 아니다. 부자가 되고 싶은 마음은 그대로 존재한다. 다만 우리가 바꿀 수 없는 사실을 구실 삼아 질투심을 애써 감추는 것뿐이다. 이런 마음이 지속되고 증폭되면 내가 갖고 싶은 것을 가진 상대에게 미운 마음이 생기게 된다. 심리학에서는 가질 수 없는 것에 대해 진정으로 포기하거나 그것을 갖고 있는 대상을 미워해야만 심리적 안정감을 찾을 수 있다고 한다. 그러나 욕심을 내려놓기가 쉽지 않기 때문에 상대를 미워하는 마음 쪽으로 발전되기 쉽다. "나는 부자 될 마음이 없어"라고 말하는 사람들이 부자를 욕하는 것은 이런 이유에서다. "쟤는 돈만 밝힌다"라고 친구 욕을 하는 사람일수록 돈을 관대하게 쓰는 경우는 드물지 않은가?

부자에 대한 인식이 좋지 않은 두 번째 이유는 부자는 소수이기 때문이다.

사람은 사회적 동물로 무리 지어 생활한다. 인간은 다른 짐승들에 비해 힘이 약하다. 날카롭고 튼튼한 발톱도 없다. 생물학적으로 다른 동물에 비해 약하기 때문에 모여서 사는 것이 생존에 유리했다. 생존을 위해 집단 생활하는 쪽으로 진화했다. 집단 생활이 생존에는 유리했겠지만 편 가르기, 갈등 같은 단점을 낳았다. 사람들은 자신이 속한 집단을 선호하고 타 집단과 차별화하려는 심리가 있다. '우리'와 '그들' 사이를 구분하기를 원하고, 다른 집단과 거리를 만든다. 평범하거나 가난한 사람은 '우리'가 되고, 부자는 '그들'이 된다. 많은 사람이 있는 '우리' 집단에서는 편향된 정보만 흡수하는 문제점도 생긴다. 다수 집단에서는 자신들의 믿음이나 가치를 지지하는 정보를 선호하며 반대되는 정보는 옳지 않은 것, 혹은 필요 없는 것으로 규정하고 받아들이지 않는다. 소수이자 '그들' 집단에 속하는 부자들의 돈 버는 방법, 돈을 다루는 노하우 등은 필요 없는 정보로 여긴다. 심지어 '그들'을 돈만 밝히는 세속적인 집단으로 규정하고 나쁜 시선으로 바라본다. 유튜브만 보더라도 부자를 욕하거나 집값이 폭락해서 부동산 투기꾼들이 혼나야 한다는 채널이 인기다. 부자를 옹호하는 채널보다 구독자 수도 훨씬 많다. 부자를 욕하는 채널 주인장은 유튜브 수익으로 이미 부자가 되었을지도 모른다. 다수를 차지하는 평범하거나 가난한 사람의 응원 덕분에 말이다. 참 모순적이다. 역사적으로 보면 소수 집단에서 세상을 바꾸는 일이 많았다. 종교적 세계관에 의해 '창조론'을 믿는 사람들이 다수 집단인 시절에 찰스 다윈(Charles Robert Darwin)은 《종의 기원》을 통해 '진화론'을 주장했다. 그 당시 '진화론'을 주장하는 집단은 분명 소수였지만 현대 과학에서 진화론은 대다수가 믿는 이론이 되었다. 그리고 지구가 태양 주위를 공전한다는 '지동설'을 주장한 코페르니쿠스(Nicolaus Copernicus)는 어떠한가. 지동설을 발표했던 당시 사람들은 지구가 중심이고 태양과 나머지 별이 지구를 돈다는 '천동설'을 사실로 여겼다. 현대에는 '천동설'을 믿는 사람이 아무도 없다.

　다수의 선택이 반드시 정답은 아니다. 무작정 다수를 따르면 부자가 되기 어렵다. 부자는 늘 소수였다. 돈을 벌고 싶다면 소수의 목소리에 귀를 기울여야 한다. 다수라는 숫자적 우위에 가려 안도하면 절대 부자가 될 수 없다. 부자가 부자를 욕하겠는가? 부자를 욕하는 사람을 멀리하고 부자들과 가까워져야만 부자가 될 확률이 높아진다. 어떻게 '그들'이 부자가 되었는지 관심을 갖고, 돈을 어떻게 다루는지 배워야 한다. 그들이 어떤 방식으로 살아가고 돈을 벌기 위해 무슨 노력을 하는지 학습해야 한다. 그리고 그들처럼 행동해야 한다. 쉽지 않은 일이다. 당연하다. 사람의 뇌는 변화를 두려워하도록 설계되어 있다. 변화에 도전했다가 목숨을 잃을 수도 있기 때문에 변화보다는 안정을 추구하는 방향으로 진화되었다. 그러나 인간의 진화 방향과 반대되는 행동을 해야 부자가 될 수 있다. 대부분의 사람들은 이 어려운 행동을 하지 않는다. 대신 쉬운 방법을 택한다. 부자를 욕하는 것이다. 부자가 되는 길이 어렵고 두렵기 때문에 편한 방법을 선택한다. 다수인 중산층과 서민들은 소수의 부자를 비난한다. 그런 비난이 정의이고 올바른 행동이라고 여긴다. 부자들은 가난한 사람들을 욕할까? 적어도 내가 아는 부자들은 단 한 번도 가난한 사람을 욕하지 않았다. 다수의 가난한 사람들이 부자를 욕하는 것은 일종의 자격지심이 아닐까? 부자를 욕하면서 가난하게 살 것인가, 부자의 행동을 따라 하며 부자가 될 것인가? 스스로 선택하면 된다. 가난하게 사는 것이 나쁜 것은 아니니 말이다.

더 간절해야 한다

우리는 살면서 많은 도전을 한다. 새로운 자격증을 따겠다! 영어 공부를 제대로 하겠다! 다이어트를 하겠다! 수많은 도전을 하며 살아간다. 그런데 성공확률은 얼마나 되는가? 작은 도전조차 실제로 성공하기가 쉽지 않다. 중간에 지치기도 하고, 처음에 가졌던 성공을 향한 에너지가 사라지기도 한다. 여러 이유가 있겠지만 목표 달성 여부는 간절함이 좌우한다고 생각한다.

현실에 안주하던 나는 '부자는 소수다'라는 진리를 깨닫고, 충격을 받아 정말 내 삶을 바꾸고 싶었다. 그리고 대충 이 정도만 하면 되겠지 하는 마음으로 그전의 삶과 똑같이 될까 봐 두려웠다. 그래서 남들과 다른 선택을 할 때 걱정스러운 마음을 간절함이 이길 수 있도록 해줬다.

먼저, 내 삶의 방향을 바꿔야겠다고 생각했다. 제대로 투자하겠다고 결심했다. 직장인이 부자가 될 수 있는 방법 중 가장 확률적으로 높고 안전한 방법이 부동산이라고 생각했다. 내 신용과 월급이라는 현금 흐름을 활용하고, 제대로 된 가치관을 가지고 투자하면 성공할 수 있을 거라는 기대가 있었다. 더욱이 내가 부동산 투자를 결심한 시기는 부동산이 계속 하락하던 때였다. 무려 5년 동안 하락이 이어졌고, 이제 부동산은 끝났다는 말이 가득했다. 1990년 일본의 버블이 터지고 이후 잃어버린 30년을 겪게 된 것처럼 우리나라도 앞으로 20년 동안은 떨어질 것이라고 말하는 사람들도 많았다. 2008년 이후 미국은 여전히 골골 대고 있었고, 유럽은 쓰러지기 일보 직전이었다. 우리나라도 일본형 디플레이션 우려가 가득했으며 미분양은 계속 늘어나고 있었다. 집을 산다고 하면 가족과 친구들이 말리던 시기였다. 집을 사지 말아야 할 이유가 수십 가지가 있었다.

이런 분위기는 2013년의 기사 제목만 봐도 엿볼 수 있다. '한국 디플레이션 위험 14년 만에 가장 높은 수준', '일본형 디플레이션 경계 경보', '전국 미분양 6만 8천여 가구, 2개월 연속 증가', '부동산은 끝났다' 등, 자극적인 제목의 기사를 어렵지 않게 찾을 수 있던 시기였다.

2010~2022년의 서울 아파트 매매지수

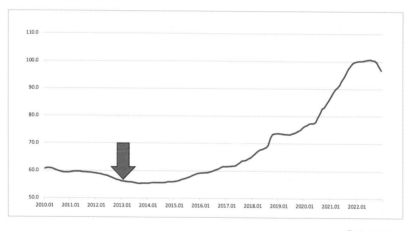

출처 : KB부동산

막상 투자하려고 마음먹었지만 두려웠다. 투자금도 별로 없었고 남들과 다르게 가는 게 맞을까 하는 걱정도 있었다. 하지만 정말 내 삶을 바꾸고 싶었다. 평범한 직장, 평범한 내 일과 평범한 주위 사람 모두를 바꾸고 싶었다. 상위 0.1%의 부자는 되지 못한다고 하더라도 가진 게 없는 모습은 탈피하고 싶었다. 부동산 분위기가 좋지 않은 시기에 오히려 '부자는 소수다'라는 말을 증명할 수 있는 좋은 기회라는 생각이 들었다. 그렇게 간절한 마음이 생기니까 내 삶의 패턴이 달라지기 시작했다. 집과 회사만 오가던 내가 아이들을 재우고 나서 경제와 부동산에 대해 공부하기 시작했다. 내 집 마련을 시작으로 부동산 투자에 푹 빠졌다. 내 삶을 바꾸고 싶다는 간절함이 나를 움직였다고 생각한다.

지금의 나는 회사만 다닐 때 그렸던 미래와는 전혀 다른 삶을 살고 있다. 여전히 회사를 다니고 있지만 부동산 투자를 계속하고 있고, 부동산 투자 모임을 이끌고 있다. 공유오피스와 카페를 운영하고 있다. 여러가지 사업에도 도전하고 있다. 회사에서 주는 월급에만 안주하고 있었다면 지금도 같은 일만 하면서 회사에 얽매였을 것이다. 물론 간절함이 있다고 모두 부자가 되지는 않는다. 하지만 간절함이 없었다면 시작조차 하지 못했을 것이다. 설령 시작했더라도 지속하기 어려울 것임이 분명하다. 여러분의 절실한 마음을 들여다보자. 그 간절함을 더 키우자. 그것이 여러분이 부자로 가는 길에 첫 발을 내딛게 해줄 것이다.

막연하게 잘될 거라고 생각한다

긍정적인 생각은 매우 중요하다. 스스로 잘될 것이라는 믿음이 있어야 성공할 수 있다. 역사상 가장 위대한 농구선수로 불리는 마이클 조던(Michael Jordan)은 이런 말을 했다. "당신이 무언가 해내려고 한다면 먼저 당신 스스로 해낼 수 있다고 기대할 수 있어야 한다." 자기계발 구루인 데일 카네기(Dale Carnegie) 또한 스스로 해낼 수 있다는 성공 확언을 매일 하면 인생이 달라질 것이라고 이야기했다. 하지만 긍정적인 생각만으로는 우리의 미래를 바꿀 수 없다. 행동 없이는 아무런 변화가 일어나지 않는다. 긍정적인 마음은 상황을 긍정적으로 바라보고, 해결책을 찾는 데 도움이 되지만 결국 문제를 해결하기 위해서는 행동이 따라야 한다. 생각만 하고 행동하지 않으면 몽상가가 될 뿐이다.

친한 지인들이 투자를 잘하는 방법을 많이 물어왔다. 같은 질문을 여러 번 하는 지인도 많았다. 부자가 되고 싶은 마음이 있기 때문에 질문했을 것이다. 그들의 마음을 알기에 최선을 다해 내 투자 노하우를 알려주었다. 하지만 행동으로 옮기는 사람은 10명 중 1명 정도에 불과했다. 의지력이 약한 사람들이 아니다. 번듯한 직장을 다니고 있고 충분한 에너지가 있는 사람들이다. 그런데 그들은 왜 투자를 실행하지 못했을까? 투자를 잘하고 싶지만 행동으로 옮기기 어려운 이유는 투자 자체가 어렵다는 원인도 있겠지만, 오늘 투자 공부를 하지 않는다고 내일 당장 문제가 되지는 않기 때문이다. 대부분의 사람이 눈앞의 문제는 빠르게 행동으로 옮겨 해결한다. 그러나 한 달 뒤, 짧게는 일주일 뒤에 일어날 일조차 차일피일 미루는 것이 사람의 일반적인 습성이다. 마감이 다가와야 일을 시작한다는 '데드라인 이펙트(Deadline Effect)'가 괜히 나온 이론이 아니다. '내 월급은 당분간 문제없을 거야'라는 막연한 긍정의 생각이 실행을 가로막고 있다. 내일 당장 월급이 안 나올 수 있다는 생각으로 돈 공부를 해야 한다.

1년에 한두 번 꼴로 투자에 대해 조언을 구하는 후배가 있다. 회사 일도 무척 잘하고 늘 밝은 모습을 보여주는 후배다. 실행력도 좋아 항상 기대 이상으로 뭔가를 해내는 친구로 내가 참 좋아한다. 하지만 유독 투자에 있어서는 행동으로 옮기지 못한다. 나에게 투자 조언을 구한 지 족히 5년은 된 것 같은데, 늘 제자리걸음이다. 아끼는 후배이기에 어떻게든 도움을 주고 싶었다. 실행력이 뛰어난 친구가 왜 투자에 있어서는 몇 년째 그대로인지 나는 곰곰이 생각해보았다.

많은 이유가 있겠지만 투자 공부에서부터 실제 투자가 일어나기까지 긴 시간이 필요한 것이 문제라고 생각되었다. 훌륭한 실행력으로 투자 공부를 일단 시작했으나 긴 시간 방향을 유지한다는 게 쉽지 않았을 것이다. 지속적으로 방향을 잡아주고 동기부여를 해주면 좋은 투자자가 될 수 있을 것이라고 나는 기대했다. 추진력도 좋으니 작은 숙제를 내주면 잘해낼 것이라고 믿었다. 작은 숙제들이 모이면 그것이 투자 실행까지 가는 이정표가 될 수 있을 것이다.

나는 일주일 혹은 격주 간격으로 후배에게 매우 작은 미션을 주었다. 예를 들어 서울 동작구에서 가장 비싼 아파트를 찾고 왜 비싼지 생각해보는 것이다. 그렇게 한두 달을 했더니 이제는 스스로 무언가를 찾아서 질문을 한다. 막연한 질문이 아니다. 구체적인 질문이다. 발전하고 있다는 증거다. 아직 투자를 실행하지는 않았지만 실제 행동을 하고 있기 때문에 곧 좋은 투자를 할 것이라고 기대하고 있다.

생각만으로는 어떤 변화도 일어나지 않는다. 작은 행동이라도 해야 비로소 발전할 수 있다. 행동은 우리가 목표를 성취하는 데 반드시 필요하다. 목표를 작게 정하고 그것을 달성하기 위한 계획을 세운다. 그리고 그 계획을 실행하는 것이 중요하다. 실행 과정에서 어려움에 부딪힐 수도 있다. 이때 필요한 것이 스스로 잘할 수 있다는 긍정적인 생각이다. 심리학에서는 '자기 효능감'이라고 한다. 자신에 대한 믿음으로 힘든 과정을 이겨내는 것이다. 어려움을 극복하면 자신감은 더 커진다. 이 자신감은 더 나은 성과를 내기 위해 노력하는 원동력이 된다. 작은 실행이 작은 성공 경험을 만들고 큰 도전으로 이어지는 선순환의 흐름을 만든다. 투자 과정도 똑같다. 비록 작더라도 실제 투자를 하고 수익까지 이어진다면 그 보상으로 인해 꾸준한 투자로 연결될 것이다. 긍정적인 생각만으로는 이런 흐름에 접근하기 어렵다. 긍정적인 생각을 하되 막연히 잘될 거라는 생각만 하지 말자. 비록 작더라도 실행을 하자.

2

판을 바꾸자

돈 버는 기간은 짧고
돈 쓰는 기간은 길다

"일하는 기간보다 은퇴 이후의 기간이 더 길다!"

취업 포털사이트인 '인크루트'가 조사한 결과에 따르면 2018년 상장사 571개의 대졸 신입사원 평균 연령이 30.9세라고 한다. 취업이 어렵다 보니 취업 준비 기간이 길어진 탓에 신입사원의 나이가 과거 대비 올라간 것이다. 2021년 통계청의 경제활동 인구 조사에 따르면 근로자의 평균 퇴직 연령이 49.3세로, 법적 정년인 60세보다 10년이나 먼저 퇴직한다. 퇴직 사유 중 41.3%가 비자발적 퇴직이다. 씁쓸한 통계. 30세에 취업해서 50세에 퇴직한다면 근로자로 월급을 받는 기간은 20년이다. 안정적인 소득이 생기는 기간은 20년밖에 안 된다는 말이다.

반면 2021년 우리나라 기대수명은 83.6세다. 2010년에 이미 기대수명이 80세를 넘었고, 계속 올라가고 있다. 50세에 퇴직하고 84세까지 산다면 은퇴 후 삶이 34년이나 된다. 20년간 받은 월급으로 34년을 살아야 한다. 단순 계산으로 20년간 월급의 절반만 쓰고 절반을 모은다면 은퇴 후 34년간은 월급의 3분의 1만 쓰고 살아야 한다. 우리나라 근로자의 평균 월급이 300만 원 정도 되니 일하는 동안 150만 원을 모으고 은퇴 후에는 매달 100만 원을 쓰면 된다. '가능하겠네?'라고 생각하는 분들도 있을 것이다. 하지만 가정을 꾸리고 자녀가 생긴다면 월급의 반을 저축하는 것은 불가능하다. 통계청 자료에 따르면 2018년 기준, 40~49세 세대주의 평균 가구원수는 2.93명이며 평균 지출은 423만 원이다. 이 나이의 평균 가구 소득이 423만 원이다. 10년간 한 푼도 모을 수 없다는 말이 된다. 일하는 20년 기간에서 10년간 한 푼도 모으지 못한다니, 암담하다.

일하기 시작하는 30세부터 40세까지, 10년간 은퇴 후 34년 동안 쓸 돈을 다 모을 수 있을까? 답은 우리 모두 알고 있다. 불가능하다. 이 문제를 해결할 수 있는 방법은 두 가지다. 첫 번째 방법은 일하는 동안 더 많이 버는 것이다. 지출을 고정해놓고 소득을 늘리면 일하는 동안 더 많은 돈을 모을 수 있다. 두 번째 방법은 은퇴 후 더 적게 쓰는 것이다. 물론 50세 이후에도 일하며 월급을 받을 수는 있다. 그렇다고 해도 60세 정년을 생각하면 길어도 10년간 월급을 더 받을 수 있을 뿐이다. 이것마저도 안정적인 소득이라고 기대하기는 어렵다. 작은 희망의 불씨마저 꺼뜨리는 우울한 통계가 있다. 50~59세 세대주가 있는 가구의 평균 지출액이 월 397만 원이라는 것인데, 매달 400만 원을 벌어도 월 저축액은 3만 원이다. 월급만으로는 은퇴 이후의 삶을 준비할 수 없다는 것을 통계가 보여준다. 통계의 평균에서 멀어져야 한다.

60세 이상 세대주가 있는 가구의 평균 지출액은 월 237만 원이다. 50~59세 가구의 지출에 비해 많이 줄어들기는 하나 적지 않다. 일하는 10년간 적어도 월 237만 원을 모아야 은퇴 후 10년간 생활할 수 있는 돈을 준비할 수 있다. 60세 이후부터는 많이 아껴서 평균 지출의 절반으로 줄여도 100만 원 이상은 써야 한다. 월급을 받으며 돈을 모을 수 있는 기간은 10년밖에 안 된다. 이 기간 평균 소득이 월 300만 원이다. 10년간 매달 200만 원을 모아야 20년간 월 100만 원을 쓸 수 있다. 60~80세까지 월 100만 원씩 쓸 수 있는 돈을 마련하는 셈이다. 타이트하게 돈 관리를 해야만 성공할 수 있는 계획이다. 하지만 이 계획마저도 평균 기대수명인 84세에는 도달하지 못한다. 앞서 이야기한 노후를 준비하는 2가지 방법 중 은퇴 후 돈을 적게 쓰는 방법은 적절하지 않다고 볼 수 있다. 남은 방법은 하나뿐이다. 돈 버는 기간에 더 모아야 한다. 하지만 월급은 최대치가 정해져 있다. 월급 외 소득을 만들어야 한다. 최근 젊은 세대들의 N잡이 괜히 유행하는 게 아니다. 현명한 행동이다.

다시 통계로 돌아와서, 우리가 60세 이후 평균 이상의 삶의 질을 누리고 싶다면 월 237만 원, 1년에 약 2,800만 원의 돈이 필요하다. 월급을 받는 기간 동안 1억 원을 모으면 은퇴 후 4년의 삶이 보장되고, 2억 원을 모으면 8년간 평균 이상 삶의 질이 보장된다. 60세 정년까지 일하고 84세에 사망한다면 24년의 은퇴 후 삶을 준비해야 한다. 6억 원이 있어야 삶의 질을 유지할 수 있다. 여러분이 지난달에 얼마를 모았는지 생각해보자. 최근 1년간 얼마를 저축했는가? 6억 원을 만들 수 있는가? 불가능할 것이다. 근로소득만으로는 노후 준비가 안 된다는 것을 숫자가 명확하게 증명해준다. 투자 수입, 즉 자본소득 이외에는 노후를 준비할 수 있는 방법이 없다. 이제 투자는 선택이 아닌 필수라는 사실을 외면하지 말자. 누구도 해결해줄 수 없다. 스스로 해결해야 한다.

지금 당장 시작해야
나와 가족의 미래가 바뀐다

'티끌 모아 태산'이라고 했다. 지금 당장 티끌 모으기부터 시작해야 한다. 다만, 목표를 태산으로 잡고 티끌을 모으다 보면 쉽게 지친다. 목표를 조금 수정하자. '티끌 모아 조금 큰 티끌 만들기'를 목표로 삼자. 지금 당장 티끌 모으기를 시작해야 한다. '티끌 모아 티끌'이라는 말도 맞다. 돈이 불어나는 것이 느껴져야 그것이 동기부여가 되어 계속 돈을 모을 수 있다. 이게 지속되어야 돈 모으는 데 가속도가 붙는다. 열심히 절약했는데도 티끌만 모은 느낌이 든다면 돈을 모을 의지가 쉽게 사그라든다. 하지만 종잣돈을 모으는 기간만큼은 인내심을 갖고 참아내야 한다.

나는 '열정을 갖고 열심히 해라', '굳은 의지로 이겨내라' 같은 문장을 좋아하지 않는다. 사람의 의지는 결코 단단하지 않다는 것을 알기 때문이다. 다이어트를 해야겠다는 굳은 결심을 하고 비싼 돈을 주고 PT 등록을 했지만, 내일 당장 운동하러 가기 싫은 게 사람 마음 아닌가. 하지만 종잣돈을 모으는 다른 방법은 없다. 일정 금액이 모일 때까지는 돈 관리를 빈틈없이 해야만 한다. 의지력을 잃지 않기 위해서는 성취감이 필요하다. 목표를 작게 잡고 그것을 달성하는 재미로 돈을 모으자. 1년에 1,000만 원 모으기가 목표라면 한 달에 100만 원 모으기로 목표를 작게 만든다. 작은 목표 달성하기는 다음 챕터에서 더 자세하게 다루도록 하겠다. 돈 모으는 기간에는 1순위를 저축으로 잡고 그냥 돈을 모으는 것에만 집중해야 한다. 안정적인 월급으로 돈을 모을 수 있는 기간은 생각보다 많이 남지 않았다. 나도 돌아보니 어느새 회사에 다닌 날보다 다닐 날이 더 적게 남아 있었다. 돈을 모으겠다는 목표만 갖고 실행하지 않으면 시간만 간다. 돈을 모을 수 있는 날이 진짜 얼마 남지 않으면 그냥 포기해버리고 말 것이다.

돈 모으기를 빨리 시작해야 하는 가장 큰 이유는 '복리의 마법' 때문이다. 이미 많이 들어봤을 것이다.하지만 실제로 경험한 분들은 많지 않을 것이다. 대부분 저축을 통해 돈을 불리고 있기 때문에 선형적으로 돈이 모이는 경험을 했을 것이다. 복리로 돈이 늘어나는 경험을 한 번만 해보면 '조금만 더 빨리 종잣돈을 모았으면 좋았을 걸', '더 빨리 투자를 했더라면' 하는 아쉬움이 들 것이다.

워런 버핏의 자산 변화 그래프

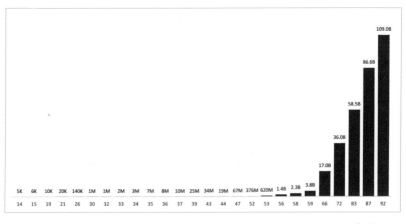

앞의 자료는 투자의 대가 워런 버핏(Warren Buffett)의 자산 변화를 보여주는

그림이다. 시간이 지남에 따라 상승 폭이 엄청나게 커진다. 워런 버핏은 30대에 이미 백만장자가 되었지만 92세의 자산에 비하면 티끌처럼 보인다. 이것이 '복리의 마법'이다. 지금은 비록 '티끌 모아 큰 티끌'처럼 느껴지겠지만, 큰 티끌이 더 큰 티끌로 바뀌는 게 아니라 어느 날 갑자기 '작은 태산' 정도로 커질 것이다. 돈이 복리로 늘어난다는 믿음을 갖고 최대한 빨리 종잣돈을 모아보자. '빨리'보다 더 빠르게 가려면 '먼저' 가라고 했다. 지금 바로 시작하자.

청울림의 책《나는 경제적 자유를 꿈꾼다》에서는 부자가 되는 3단계를 단순하게 정리했는데, '1단계가 돈을 번다, 2단계가 돈을 모은다, 3단계가 돈을 불린다'이다. 부모님께 많은 돈을 물려받을 수 있다면 1단계, 2단계를 건너뛰고 3단계인 돈을 불리는 단계에서부터 시작할 수 있다. 부자 부모님을 둔 사람들이 부러울 수 있다. 세상이 불공평하다고 원망할 수도 있다. 하지만 어쩌겠는가. 부모님을 바꿀 수는 없다. 현재 상황을 빨리 인정하고 우리가 바뀌면된다. 각 단계별 자세한 내용은 뒤에서 다루기로 하자. 2단계인 돈을 모으는 단계까지는 '티끌 모아 티끌' 같은 느낌이 들 것이다. 나도 그랬다. 나는 입사를 하고 매달 200만 원씩 적금을 부었다. 당시 월급이 200만 원이 안 되었다. 하지만 잔업이 일상이던 시절이라 잔업비로 부족한 저축액을 충당했다. 그냥 맹목적으로 저축했다. 매달 월급보다 많은 200만 원을 2년간 모았다. 원금이 4,800만 원이었다. 당시 종잣돈 1억 원 모으기가 유행이었는데 1억 원에 반도 안 되는 돈이었다. 적금 이자가 정확히 기억나지는 않는다. 150만 원이 안 된 것으로 기억한다. 이것도 소득이라고 세금을 15.4%나 뗐다. 당연한 세금이지만 기분이 좋지 않았다. 1억 원을 모으려면 2년을 더 아끼며 살아야 한다고 생각하니 막막했다. 놓아버리고 싶었다. 그때는 돈 모이는 속도가 선형적이라고 생각했다. '복리의 마법'을 글로만 배웠지 경험하지 못했기 때문이다.

투자 시간이 길어지면서 수익률도 커졌다. 예상보다 훨씬 빠르게 자산이 불어났다. 나도 모르는 사이에 '복리의 마법'이 작동하고 있었다. 여러분들도 같은 경험을 할 것이다. 그래서 돈을 모으는 것은 오늘부터 당장 해야 하고, 투자 공부도 지금 바로 해야 한다. 그래야만 복리 효과로 자산이 폭발적으로 늘어나는 시점을 빠르게 당길 수 있다. 월급이 많아진 다음에 돈을 모으겠다고 생각하는 사람들도 있다. 잘못된 생각이다. 월급이 많아지면 지출도 자연스럽게 많아진다. 지출 관리는 월급이 적을 때나 많을 때나 계속해야 하는 것이다. 그래야 소득이 늘어도 돈 모으는 게 습관이 된다. 자녀가 태어나면 돈 모이는 속도는 현저히 떨어진다. 소득 없이 지출만 하는 사람이 생겼으니 당연하다. 아이가 학원을 다니기 시작하면 돈을 모으는 것 자체가 쉽지 않다. 그전에 돈이 돈을 벌어오는 단계에 진입해야 한다. 남은 시간이 많지 않다. 바로 실행하자. 돈을 모으기 위한 지출 관리와 투자 공부를 바로 시작하자.

작은 것부터 시작하자

　목표는 크게 잡으라고 한다. 이루고 싶은 것의 200%만큼을 목표로 잡고 그중 절반만 달성해서 100%를 달성한다는 이야기를 많이 들어봤을 것이다. 틀린 말이라고 단정할 수는 없다. 하지만 많은 연구 결과는 반대 의견에 더 힘을 싣고 있다. 너무 큰 목표를 세우면 실행력이 떨어진다. '어차피 달성하지 못할 텐데, 뭐'라고 생각하며 실행조차 하지 않거나, 실행했더라도 과도한 노력에 대한 심리적 저항이 생긴다고 한다. 우리에게도 이런 상황이 낯설지 않다. 새해 3대 목표는 다이어트, 독서, 어학공부다. 매년 똑같다. 목표를 세웠지만 달성하지 못했기 때문이다. 1년에 책 1권 읽기는 어떤가? 만만해 보일 것이다. '당장 해버리고 말지 뭐'라는 생각이 들 것이다. 작은 목표는 실행을 불러온다. 심리적 저항이 없기 때문이다.

　많은 사람들이 부자가 되고 싶어 한다. 돈 버는 방법을 찾아본다. 투자를 통한 자본 소득, 부업을 통한 추가 수입을 어떻게 얻는지 꼼꼼하게 찾아본다. 강의를 듣는 노력도 마다하지 않는다. 하지만 그 방법을 구체적으로 알아도 막상 실행하려고 하면 두려움이 밀려온다. 계속 고민한다. 결국 대다수가 실행하지 못하고 만다. 당연하다. 우리 뇌가 그렇게 움직인다. UCLA의과대학에 재직 중인 임상심리학자이자 베스트셀러 작가인 로버트 마우어(Robert Maurer)는 그의 저서 《아주 작은 반복의 힘》에서 사람의 뇌는 변화를 극도로 싫어해

갑작스런 변화가 발생하면 방어 반응을 일으킨다고 말한다. 또한 안전한 일상에서 벗어나려고 할 때도 뇌의 편도체에서 거부감을 일으키는 메커니즘이 작동한다고 한다. 인간의 뇌는 새로운 도전과 욕구가 일어날 때도 두려움이 함께 발생하도록 프로그램 되어 있다. 투자나 부업, 모두 얼마나 큰 도전인가? 방어 반응이 일어날 수밖에 없다. 두려움 때문에 시작조차 쉽지 않은 게 당연하다. '진화론'에서도 비슷한 주장을 하는데, 주변 환경의 변화는 죽음을 마주할 수도 있기 때문에 인간은 변화를 두려워하고 변화가 없는 환경을 좋아하는 방향으로 진화되었다고 한다.

현대 사회에서는 적극적으로 변화해야 한다. 환경이 빠르게 변하고 있기 때문에 적응하지 못하면 도태되거나 불편하게 살아야 한다. 스마트폰을 잘 쓰는 할아버지는 모바일로 계좌이체를 편하게 하지만 그렇지 못하면 은행까지 가야 한다. 최근 은행의 지점수도 줄고 있다. 앞으로 은행 업무를 보려면 더 먼 거리를 이동하는 불편함을 겪어야 할 것이다. 우리 주변에서 흔히 볼 수 있는 사례다. 단지 익숙하지 않다는 이유로 변화를 받아들이지 않으면 불편을 감수해야 한다. 우리는 변화가 선택이 아니라 필수인 시대에 살고 있다.

변화를 쉽게 받아들일 수 있는 방법을 알아보자. 변화에 대한 두려움을 극복하는 좋은 방법은 작은 것부터 시작하는 것이다. 큰 변화에는 뇌가 방어 반응을 하니 뇌를 속이는 것이다. 변화라는 것을 인지하지 못할 정도로 작게 바꿔보자. 《습관의 재발견》에서 저자 스티븐 기즈(Stephen Guise)는 다이어트라는 큰 목표를 달성하기 위해 하루에 팔 굽혀 펴기 1개라는 작은 목표를 세웠다. 헬스장에 가서 1시간 동안 운동하는 생각만 해도 두려움이 밀려들지만 팔 굽혀 펴기 1개는 머릿속에 떠오르자마자 바로 실행할 수 있다. 심리적 저항이 없기 때문이다. 저자는 이 작은 목표를 매일 실행했다. 시간이 지나자 그것은 습관이 되었다. 거부감 없이 운동을 할 수 있었고 결국 체중 감량이라는 목표를 달성했다.

다이어트를 하겠다고 PT를 등록했다고 해보자. 그리고 헬스장에 가겠다는 목표를 세웠다고 가정해보자. 첫날에는 열정이 가득해서 열심히 운동할 것이다. 안 하던 운동을 해서 피곤하지만 둘째 날에도 남아 있는 의지로 헬스장에 갈 수 있다. 셋째 날에는 더 피곤할 것이다. 돈이 아까워서 꾸역꾸역 헬스장으로 갈 것이다. 헬스장 생각만 해도 두려움이 생기는데, 이 행동이 계속될 수 있을까? 몸이 힘든 것보다 정신력 고갈이 행동을 더 망설이게 한다. 의지가 부족해서가 아니라 이미 우리의 대뇌가 온 힘을 다해 우리 자신과 싸우고 있기 때문에 쉽게 지친다. 넷째 날은 진짜 힘들 것이다. '오늘 하루만 쉴까?'라는 생각을 하고 있는 차에 마침 오랜만에 친구에게 전화가 와서 저녁을 먹자고 한다. 핑계가 생겼다. 오늘은 빠지고 다음 날부터 다시 가기로 한다. 다음 날은 과연 헬스장에 기분 좋게 갈 수 있을까? 당연히 어렵다. 우리의 의지가 약한 게 아니다. 우리를 유혹하는 일들이 주변에 너무나도 많다. 친구와의 갑작스러운 약속, 급하게 떨어진 업무, 재미있는 드라마 등, 모두 우리의 목표를 방해하는 요소들이다. 특히 스마트폰 속에는 우리를 즐겁게 해주는 것들이 너무나도 많다. 유혹을 이겨내기가 어렵다는 것을 인정하고, 방해꾼들이 있어도 달성할 수 있을 만큼 작은 목표를 세우자.

'작심삼일'은 우리 일생에서 늘 벌어지고 있다. 삼일이라도 실행했으니 다행인 것인가? 작심삼일을 극복하려면 목표를 작게 해야 한다. 목표를 크게 정할 수도 있지만, 그것을 달성하기 위해서는 작은 행동, 작은 목표로 바꿔서 실행이 쉽도록 해야 한다. 살을 빼는 것이 큰 목표라면 작은 목표는 헬스장을 가서 운동하는 것이 된다. 헬스장 가는 게 부담스럽다면 더 작은 행동을 목표로 정해야 한다. '운동복으로 갈아입기'는 어떤가? 옷을 갈아입는 행동은 일상에서 자주 하기 때문에 거부감이 없다. 일단 운동복으로 갈아입으면 헬스장까지 가야 한다는 거부감이 훨씬 줄어드는 것을 느낄 수 있을 것이다. 아니면 '헬스장 옆 카페 가기'를 목표로 정해보자. 힘들게 운동한다는 생각 대신 커피를 마신다는 즐거움이 연상되도록 하기 위해서다. 이때, 꼭 지킬 원칙이 있다. 이 작은 행동을 할 때 헬스장에 간다는 생각은 떠올리지 말아야 한다. 운동복이 있는 헬스장에 등록했다면 운동화를 신고 문을 열고 밖으로 나가는 것을 작은 목표로 정해보자. 일단 집 밖으로 나가면 헬스장까지 가는 걸음이 훨씬 가벼울 것이다.

나는 《습관의 재발견》에 나온 내용을 실천하며 많은 도움을 받았다. 부동산 투자를 해서 돈을 벌고 싶다는 큰 목표를 세우고, '매일 네이버 부동산 어플 열기'를 작은 목표로 정했다. 네이버 부동산 어플을 손가락 터치 한 번이면 열 수 있도록 스마트폰 메인 화면에 위젯으로 등록했다. 그리고 매일 한 번씩 어플을 열고 1개 이상의 아파트 단지 시세를 확인했다. 부동산 어플을 여는 횟수가 늘고, 보는 시간도 늘어났다. 한 번에 10개 이상의 아파트 시세를 보기도 했다. 이것을 습관처럼 매일 했고 시간이 지나자 수도권 내에 있는 대단지 시세는 대부분 파악할 수 있었다. 만약 부동산 투자로 돈을 벌고 싶다는 큰 목표만 있었다면 결코 얻을 수 없는 결과였다. 부동산 투자를 하겠다는 마음을 먹은 날에는 의지가 충만하니 30개 아파트 단지의 시세도 외울 수 있다. 손으로 시세를 써가며 달달 외우기도 할 것이다. 둘째 날에도 남아 있는 에너지로 20개 아파트 시세를 외울 것이다. 3일 차가 고비인데, 그래도 꾸역꾸역 아파트 시세를 외울 것이다. 4일 차가 되면 첫날에 암기했던 아파트 시세가 기억나지 않는다. '이 방법이 과연 부동산 투자에 도움이 되는 게 맞나?'라는 의구심이 들 것이다. 힘들기 때문에 행동하지 않으려고 핑계를 찾는 과정이다. '이런 힘든 방법말고 더 효율적인 방법이 없을까?' 하며 방법을 찾는 데 시간을 보내며 부동산 투자는 흐지부지될 것이다. 앞서 다이어트를 목표로 PT등록을 한 사례와 똑같은 일이 벌어질 것이다.

나도 목표만 정하고 중도 포기한 적이 많다. 많이 경험해봤을 것이다. 목표를 정했다고 무조건 달성해야만 하는 것은 아니다. 실패하는 경우가 당연히 더 많다. 하지만 목표만 잡고 실행하지 않는 그간의 습관을 버리고, 목표를 작게 잡고 실행력을 높여보자.

미국 프로농구 리그 NBA에서 우승 6회, 결승전 MVP를 6회 차지한 전설적인 농구선수 마이클 조던은 이런 이야기를 했다. "한 걸음 한 걸음씩 나아가는 것, 어떤 일을 하든 목표를 달성하는 데 이보다 뛰어난 방법은 없다." 역사상 가장 위대한 농구 선수는 하루아침에 만들어지지 않았다. 매일매일 꾸준히 했던 작은 연습이 마이클 조던이라는 전설적인 농구선수를 만들어냈다. 우리도 지금 당장 할 수 있는 것, 가장 쉽게 할 수 있는 것을 작은 목표로 설정하고 그것을 꾸준히 해보자. 실행 후 방법을 바꿔도 괜찮다. 고민만 하고 아무것도 하지 않은 것보다 훨씬 낫다. 부동산 투자로 돈을 벌기로 마음먹었다면 나와 같은 방법으로 '매일 네이버 부동산 어플 열기'를 실천해보자. 60일 동안 같은 행동을 하면 습관이 된다고 한다. 작은 목표로는 '부동산 관련 카페 글 1개 보기', '경제 관련 기사 1개 읽기', '부동산 투자 책 1페이지 읽기'도 있다. 이렇게 해서 언제 부자가 되냐는 의문을 가질 수도 있다. 그저 작은 습관을 하나씩 늘려가면 된다. 잔걸음으로 시작하지만 속도는 더 빨라질 것이다. 작은 목표를 달성했다는 스스로에 대한 만족감이 큰 동기부여가 되기 때문이다.

뭐든지 남들보다
먼저 시작하라

우리는 무언가 시작할 때 '내가 잘할 수 있을까?', '대충 하는 척하다 금방 그만두는 거 아닐까?' 하며 많은 고민을 한다. 특히 돈이 들어가고 내 몸을 갈아 넣는 일을 할 때, 그 고민이 더 크다. 돈과 노력을 쏟았음에도 불구하고 손해가 날까 봐 걱정하는 것이다. 하지만 성공하는 사람들은 속도를 중요시한다. 고민하는 시간에 한 번이라도 빠르게 시도한다면 그 도전이 성공하든 실패하든 이득을 보는 것이라고 생각한다. 성공하면 그 자체로 좋고 실패하더라도 더 좋은 방향으로 개선해나갈 수 있다고 여긴다. 하지만 결정하지 못하고 고민하다가 시도하지 못하거나 시도 자체가 늦어지면 그 자체로 손해라고 생각한다. 시도하지 못하면 무엇이 잘된 결정이고 잘못된 결정이었는지조차 알 수 없는 채로 시간이 지나간다. 시도를 늦게 한 경우도 좋은 결과를 기대하기 어렵다. 결정한 것은 다행이지만 내가 주도했다기보다는 다른 사람들의 꽁무니를 쫓았을 가능성이 높기 때문이다.

나는 새롭게 시작하거나 도전할 때 많이 고민하는 스타일이었다. 뭔가를 했을 때 '이거 잘되겠는데?'라는 생각보다 '이걸 하면 뭐가 문제일까?' 하는 생각부터 들었다. 내가 겪게 될 리스크부터 하나하나 따지다 보니 안 할 이유를 찾는 듯했다. 성격 자체가 손해보는 것을 극도로 싫어해서 인터넷 쇼핑을 할 때조차 5,000원 짜리 물건을 사면서도 100원이라도 더 싼 제품을 사려고 눈에 불을 켜고 찾아보곤 했다. 최저가를 찾고도 '이게 나한테 필요한 게 맞나?' 하면서 사는 것을 미룬 적이 한두 번이 아니었다. 결국 그 물건이 다시 필요해서 또 고민하는 것을 반복하는 성격이었다. 따지고 보면 100원 더 싼 것을 찾는 것보다 내 노동력이 더 비싼데도 말이다.

부동산 투자를 시작할 때도 비슷했다. '대출 받아서 샀는데 떨어지면 어떻게 하지?', '괜히 아는 체하면서 샀다가 고점에 물리는 거 아냐?', '여기가 정말 오를까?', '돈은 얼마나 들어가지?', '정말 수익이 날까?', '전세가 안 구해지면 어쩌지?', '규제가 나오면 어쩌지?' 등등 고민이 너무 많아서 머리가 아플 지경이었다. 머리가 아프니까 좀 여유 있게 생각해보자 하다가 좋은 매물을 놓치기도 했다. 결과를 돌이켜보면 더 높은 가격에 사는 경우도 있고, 아예 못 사는 경우도 있었다. 나중에 이 문제를 깨달은 나는 방법을 조금 바꿨다. 이제는 평소에 생각을 많이 해본다. 실제로 나에게 닥친 일이 아니더라도 나라면 어떻게 할까 미리 고민한다. 다른 사람이 고민상담을 하면 내가 그 고민을 하는 것처럼 미리 그려본다. 이렇게 하다 보니 실제 비슷한 일이 닥쳤을 때 빠르게 결정할 수 있게 되었다.

고민을 오래 한다고 더 좋은 결정이 나오지는 않았다. 오히려 짧은 시간에 집중해서 분석한 후 빠르게 결정하는 게 좋은 결과를 가져왔다. 투자를 하다 보면 내가 고민한 것이 100% 맞지도 않고, 생각하지 못했던 상황들이 튀어나오기도 한다. 혹여나 잘못된 결정을 했더라도 무리하지 않았기 때문에 충분히 대응이 가능했다. 빠르게 결정한 후 개선해나가면서 배우는 것이 훨씬 더 많았다.

2015년 12월, 서울 부동산 시장이 조금씩 상승해 온기가 돌고 있던 시기에 부동산 포털사이트에서 '주택을 구입하기 좋은 시기는?'이라는 설문조사를 했다. 부동산 시장에 온기가 도니까 주택을 구입하겠다는 사람들이 하나둘 생기

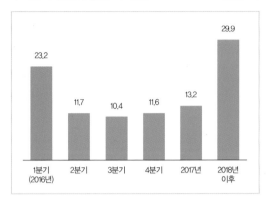

주택을 구입하기 좋은 시기는?　　　　　　(단위 : %)

1분기 (2016년): 23.2
2분기: 11.7
3분기: 10.4
4분기: 11.6
2017년: 13.2
2018년 이후: 29.9

출처 : 부동산포털 닥터아파트

는 시기였는데, 3년 뒤인 2018년에 산다는 사람이 가장 많았다. 이런 결과가 나온 이유는 지금은 반짝 오르는 것이고 결국 다시 하락할 것이라고 예상해 3년 뒤에 사겠다는 사람이 많았던 것이다. 이 설문조사 결과를 보고 3년 뒤에 사야겠다고 결심한 분들은 집을 못 샀을 가능성이 높다. 2018년에는 가격이 더 올랐기 때문이다. 이후 수시로 발표된 부동산 규제에 혼란스러웠을 것이다. 이런 이유로 집을 사기란 더 어려웠을 것이다.

　그런데 지금 돌아보면 2015년에 그냥 자기가 살 집 한 채라도 산 사람이 승리자다. 2015년 당시 집을 샀다가 손해를 보는 게 아닌가 하고 실행하지 않았던 사람들은 많이 오르고 난 뒤에 더 높은 가격에 샀을 수도 있고 아직까지 못 사고 있을 수도 있다. 그나마 너무 늦지 않게 용기를 내 자기 집을 마련한 사람들은 다행이지만, 많이 오르는 걸 본 후 뒤늦게 사는 사람들도 적지 않았다.

　부동산 시장은 늦을수록 좋지 않은 점이 또 있다. 부동산 시장은 상승이 본격화되면 규제 정책이 뒤따라 나온다. 정부는 시장이 차가울 때 너무 떨어지지 않도록 완화 정책을 펴고, 따뜻할 때는 과열되지 않도록 규제 정책을 낸다. 같은 패턴이다. 그런데 규제가 나오기 전에 부동산 구입을 한 사람은 규제에 적용되지 않는 경우가 많다. 법은 소급적용되지 않기 때문이다. 뒤늦게 뭔가 해보려고 한 사람들은 규제로 제약을 받는다. 예를 들어 부동산 규제가 나오기 전에 산 사람들은 LTV(Loan To Value Ratio, 주택 시세 대비 주택담보대출 비율) 70%로 대출을 받을 수 있었지만 규제 이후에는 LTV가 40%까지 낮아져서 주택 구입 자금 마련이 어려워졌다. DTI(Debt To Income, 대출자의 연소득 대비 대출 이자 상환액 비율), DSR(Debt Service Ratio, 대출자의 연소득 대비 총금융부채 원리금이 차지하는 비율) 등과 같은 대출 규제도 함께 적용되어 집 사는 게 점점 어려워졌다.

2017년 8.2대책 직후 규제지역 아파트를 임대사업자 등록을 했다면 종부세 합산 배제와 양도세 중과 면제를 받을 수 있었다. 심지어 2018년 3월까지는 임대사업자 등록 후 5년만 지나도 두 가지 큰 혜택을 받을 수 있었다. 하지만 2018년 9.13대책 이후부터 매수한 주택은 임대사업자 등록을 하더라도 종부세 합산 배제와 양도세 중과 면제 혜택을 받을 수 없게 되었다. 그리고 2020년 7월 임대사업자 제도 때문에 시장이 과열됐다고 판단했는지 아파트는 임대사업자 신규 등록 자체를 하지 못하게 했다. 이렇게 시장에 늦게 참여한 사람들은 먼저 들어온 사람에 비해 여러가지 제약을 받았다.

2022년 하반기부터 금리가 오르며 부동산 시장이 차갑게 식었다. 2023년 특례보금자리론이 나온 이후 하락을 멈추고 반등했다. 고정금리, 중도상환수수료 면제, 소득 조건 없음, 주택 가격 한도 상향 등 많은 혜택이 주어졌다. '정부의 완화정책은 혜택이다'라는 걸 알아차린 사람들은 빠르게 움직여서 저점에 내 집 마련을 했다. 그러나 이번에도 뒤늦게 산 사람은 더 비싸게 주고 샀다. 부동산에 관심이 없는 사람들에게는 이런 혜택마저도 사라져버렸다. 참 아이러니하지만 세상은 그렇게 움직인다. 시장이 좋지 않을 때는 혜택이 많지만 그 혜택을 누리면서 사는 사람은 적고, 시장이 좋을 때는 사고 싶지만 규제 때문에 제대로 사지 못하는 사람이 많다. 사람들이 움직이기 전에 빠르게 움직여야 한다. 먼저 움직인 사람은 혜택을 받고 나중에 뒤따라 오는 사람은 손해를 본다는 것을 꼭 기억하자.

꾸준함이 중요하다

우리는 참 열심히 산다. 돈을 벌기 위해 직장도 다니고, 더 나은 삶을 위해 이것저것 공부도 한다. 아이도 키워야 하고, 부모님께 효도도 해야 하고, 그 외에 정말 많은 일들을 한다. 하지만 열심히 산다고 해서 꼭 잘되는 것은 아니라는 경험을 자주 했다. 공부를 열심히 해도 머리 좋은 사람이 더 좋은 성적을 얻기도 하고, 돈을 많이 벌기 위해 사방팔방 뛰어다녀도 운 좋은 사람이 나보다 더 많이 벌기도 했다. 내 노력이 허무하게 느껴질 때도 더러 있었다. 하지만 인생의 긴 흐름 속에서 결국 이기는 사람은 바로 '꾸준히 끝까지 하는 사람'이다. 지금은 이 믿음이 확고하다.

우리는 무언가를 새롭게 배우고, 제대로 알고 싶을 때 특별한 비법이 있을까 싶어 여기저기를 기웃거린다. 뭔가 빠르게 배울 수 있는 방법이 있지 않을까? 남들이 모르는 비법을 찾을 수 있지 않을까? 하는 생각으로 말이다. 어릴 때 좋아했던 무협소설에서는 무공이 없는 사람이 어느 날 갑자기 비법서를 발견하고 며칠간 수련하더니 무공 고수가 됐다. 우리는 현실에서도 소설 속 비법서를 찾고 있는 건 아닐까?

대부분 그렇듯이 나도 대학생 때 영어 공부를 해야겠다고 생각했다. 한국식 영이 공부로 읽기와 쓰기는 다행히 괜찮았지만, 듣기와 말하기 실력이 부족하다고 생각했다. 매일 비법을 찾았다. 어떤 사람은 미국 드라마로 공부하는 게 좋다고 하고, 어떤 사람은 영어 애니메이션이 더 효율적이라고 했다. 또 누구는 영어로 된 원서를 소리 내서 읽으라고 했다. 좋은 방법을 찾는 데만 한 달을 보냈다. 다양한 방법이 있었다. 그중에서 쉬워 보이고 재미있어 보이는 미국 드라마 〈프렌즈〉로 영어 공부를 하겠다고 결심했다. 그러나 일주일도 안 되어서 그만뒀다. 처음에는 진짜 제대로 해보겠다고 의욕에 불타올랐지만 한 번에 너무 큰 욕심을 부리다 보니 금세 하기 싫어졌다. 꾸역꾸역 하는 게 이어지다 보니 며칠 못 버틴 것이다. 공부하는 방법을 찾는 데 한 달이 걸렸는데 실제로 공부한 것은 일주일도 안 됐다. 스스로 한심하다고 생각했다. 대단한 비법을 찾았다며 돈도 내고 시작했는데 결국 일주일만에 그만두는 사람, 그게 바로 나였다. 방법이 중요한 게 아니라 작은 것이라도 꾸준하게 끝까지 할 수 있느냐 없느냐가 더 중요하다는 것을 나중에 깨달았다. 부동산 공부를 꾸준히 할 수 있는 좋은 방법은 뒤에서 자세히 소개할 예정이다.

뭔가를 시작한 사람들 중에 90% 이상은 포기한다는 통계가 있다. 꾸준히 끝까지만 하면 100명 중에 10등 안에 들 수 있다는 이야기다. 우리가 어렵게 비법을 찾아서 시작해놓고 단기간에 포기하는 것은 결과가 빠르게 나타나지 않고 잘 보이지도 않기 때문이다. 비법대로 해봤자 효과가 없다고 단정지어버리고 만다. 반대로 생각해보자. 짧은 시간 내에 변화가 눈에 보인다면 누구나 할 수 있는 일 아닐까?

돈을 버는 일, 재테크 공부, 부동산 투자는 꾸준히 하는 것이 더욱 쉽지 않다. 바로바로 성과가 나오지 않는 경우가 많기 때문이다. 꽤 오랜 시간을 기다려야 좋은 열매를 따먹을 수 있는데 그 시간을 기다리는 게 쉽지 않다. 기다리는 동안 별일 없으면 그나마 다행인데 산 가격보다 내리기도 하고 예상치 못한 다양한 일들이 생기기도 한다. 특히 부동산은 투자금이 크다 보니 계속 살 수 있는 투자 상품이 아니다. 투자금이 떨어지면 부동산 공부에 흥미를 잃기 쉽다. 집 1채 매수만으로도 만족해 투자 공부할 의욕을 잃기도 한다. 이럴 때 자신의 일이 조금이라도 바빠지게 된다면 그냥 손을 놔버리게된다. 이런 이유로 부동산 시장을 떠나는 사람이 조금 과장해서 99%는 되는 것 같다. 특히 하락장에서는 더욱 그렇다. 시장을 떠나 있던 사람들은 과열되고 나서야 다시 관심을 갖는다. 그땐 이미 늦었는데 말이다.

지인 중 한 명은 2006년, 부동산 시장이 뜨겁던 시기에 집을 샀다. 2008년 금융위기 이후 하락장을 겪고 나서 부동산 시장을 아예 떠나버렸다. 10년이 넘는 시간 동안 관심조차 안 가지다가 2020년에 부동산이 뜨거워지니 다시 관심을 가졌다. 고점을 향해가던 그 시기 말이다. 시장이 하락하더라도 꾸준히 부동산 시장의 흐름을 파악했다면 2014년 이후 상승 바람을 타고 큰 자산을 쌓을 수 있었을 것이다. 그러나 상승이 한참 지난 뒤에야 돌아왔다.

또 다른 지인은 부동산이 좋든 안 좋든 시장을 관찰했다. 많은 시간을 투자한 것도 아니다. 아주 잠깐 보더라도 손에서 놓지 않고 꾸준히 흐름을 체크했다. 경기도 외곽의 2억 원 아파트 분양으로 시작해서 두 번의 갈아타기를 통해 강남의 32평 아파트를 샀다. 현재 시세가 20억 원이다. 운이 좋았던 것도 분명히 있겠지만 꾸준히 시장 흐름을 살펴봤기 때문에 가능했던 결과다.

재능이 없어도, 똑똑하지 않아도, 운이 없더라도 어떤 일을 포기하지 않고 꾸준히 한다면 우리는 상위권에 들 수 있다. 한 번에 성공하는 비법을 찾을 확률은 매우 낮다. 작은 것을 꾸준히 해보자. 꾸준히 하는 사람만이 좋은 기회를 잡을 수 있는 것은 분명하다.

재미있어야
꾸준히 할 수 있다

취미와 노동은 어떤 차이가 있을까? 취미로 하는 웨이트 트레이닝과 공사장에서 하는 노동은 힘을 쓴다는 점에서는 같은 행위다. 근육을 키운다는 공통점도 있다. 그러나 근본적인 차이가 있다. 웨이트 트레이닝은 취미, 공사장 일은 노동이다. 취미는 재미가 있고, 노동은 재미가 없다. 취미는 시간이 지날수록 즐거움이 더해지는데 반해 노동은 지루함과 스트레스가 더해진다. 노동은 다른 사람의 지시를 따라야 한다. 반면 취미는 누가 시키지 않아도 자발적으로 한다. 드라마 보기가 취미인 사람은 일주일 내내 인기 드라마의 방영일을 기다린다. 본방송을 하는 날은 다른 약속을 잡지도 않는다. 누가 시키지 않아도 알람을 맞춰놓고 본방 사수를 한다.

즐거움은 어떤 행동을 하는 데 있어 큰 동기부여가 된다. 돈 공부와 투자 공부를 취미로 생각하고 즐겨야 한다. 즐거움이 없다면 꾸준히 할 수가 없다. 대부분의 공부는 재미가 없다. 투자 공부 또한 재미가 없다. '그런데 즐기라고? 무슨 뚱딴지 같은 소리인가?'라는 생각이 들 것이다. 반문해본다. "그러면 돈 공부를 노동처럼 억지로 하고 싶은가요?" 금전적으로 여유 있는 삶을 살기 위해서 돈 공부는 필수다. 선택이 아니다. 무조건 해야 하는 일을 조금이라도 즐기면서 해보자는 말이다.

투자 공부를 재미있게 할 수 있는 방법 한 가지를 소개한다. 돈 공부를 같이할 친구를 만드는 것이다. 함께 투자 공부를 하면 여러 장점이 있다. 우선 심리적으로 안정감이 생긴다. 투자할 때 실수는 불안한 상황에서 나온다. 심리적으로 흔들리지만 않아도 실수를 크게 줄일 수 있다. 투자의 세계는 외롭다. 최종 투자 결정은 자신만 할 수 있기 때문에 깜깜한 방에 혼자 있는 듯한 두려움과 외로움이 밀려오기도 한다. 비록 최종 결정은 자신이 해야 하지만 그 단계까지 가는 과정은 투자 친구와 함께할 수 있다. 함께하면 두려움이 줄어든다.

투자가 외로운 또 다른 이유는 제대로 투자 공부를 하는 친구를 찾기 어렵다는 점이다. 주변에 주식 투자하는 사람은 어렵지 않게 찾을 수 있을 것이다. 그들의 투자 성과는 어떤가? 투자 공부를 열심히 했다고 볼 수 있는 성과인가? 돈 공부를 하고, 그것을 함께 나눌 수 있는 친구만 있어도 외롭지 않을 것이다. 빨리 가려면 혼자 가고 멀리 가려면 함께 가라고 했다. 투자는 빨리 가려고 할수록 실수가 커진다. 투자는 긴 호흡으로 해야 한다. 친구와 서로 격려하며 도와주면 평생 걸어가야 할 투자의 길을 즐겁게 갈 수 있다.

또 친구와 함께 투자하면 경험의 폭을 넓힐 수 있다. 보유한 투자금이 한정적이기 때문에 투자 기회 또한 한정적일 수밖에 없고, 특히 부동산 투자는 한번에 큰돈이 들어가기 때문에 투자 기회가 많지 않다. 투자금이 떨어지면 투자 공부가 재미가 없어진다. 공부해봐야 당장 투자할 수 없다는 생각에 동기부여가 쉽지 않기 때문이다. 하지만 옆에 친구가 있다면 다르다. 내 투자금은 소진되었더라도 친구는 투자금이 있을 수 있다. 친구의 성공 투자를 위해 내가 투자하는 것처럼 깊이 있게 함께 공부할 수 있다. 친구의 상황이 나와 다르기 때문에 나와 다른 조건에서 간접 경험을 할 수 있다. 친구와 내가 투자금이 똑같다면 적어도 2배의 경험치를 얻을 수 있는 것이다. 투자는 실전이다. 이론을 철저히 공부했더라도 반드시 실전 경험을 쌓아야 한다. 그래야 실력이 올라간다. 투자 친구를 통한 간접 경험은 나를 더 빨리 성장시킬 것이다.

투자 친구가 옆에 있으면 또 다른 장점도 있다. 나의 투자 논리를 검증받을 수 있다. 내가 투자를 결정한 배경을 친구에게 설명해보자. 친구가 의도적으로 비판적인 시각에서 내 의견을 검증한다면 최대한 실수를 막을 수 있다. 논리적 허점은 없는지, 놓친 리스크는 없는지 등을 객관적 시각으로 확인받는다면 실수를 하더라도 큰 손실이 나지는 않을 것이다. 친구 또한 투자하기 전 나에게 검증하는 과정을 거친다면 둘 모두 투자 실력이 급격히 좋아질 것이다.

마지막으로 친구와 함께하면 게으름을 막을 수 있다. 사람은 누구나 편히 쉬는 것을 좋아한다. 투자 공부를 꾸준히 하기 힘든 주된 이유도 쉬고 싶은 유혹 때문이다. 하지만 친구와 함께 공부하면 압박감과 강제성이 생겨 게으름을 막을 수 있다. 학창 시절 조별과제를 할 때 각자 맡은 일은 대부분 해오던 것과 같은 원리다. 편히 쉬고 싶은 게 사람의 기본 심리이지만 그 못지않게 다른 사람에게 피해를 주기 싫고, 또 욕먹기 싫은 게 사람의 심리다.

취미와 노동의 차이는 즐거움의 여부와 강제성이다. 취미는 재미가 없으면 언제든지 그만둘 수 있다. 그러나 노동은 하기 싫어도 해야 한다. 월급은 우리를 강제로 일하게 만든다. 편히 쉬고 싶은 마음보다 큰 강제성이다. 투자는 누가 억지로 시키지 않는다. 강제성이 없다. 취미처럼 언제든지 그만둘 수 있다. 투자가 재미있다면 자율적으로 하겠지만 그렇지 않은 게 사실이다. 그만두고 싶은 유혹이 항상 있다. 투자 친구가 이 유혹을 이겨내는 데 도움을 줄 수 있다. 친구와 같이 투자 스터디를 해보자. 매주 적절한 과제를 나누고 다음에 만나 서로의 과제를 검사해주자. 이런 방식으로 스터디를 하면 적당한 강제성이 주어진다. 친구에게 미안해서라도 투자 공부를 하게 된다. 투자 친구를 일주일에 한 번 정도 만나는 것만으로도 큰 효과를 볼 수 있다.

우리 둘(빠른느림보와 호랭이아빠)은 매주 금요일 회사 근처 카페에서 만나 투자 스터디를 했다. 서로 공부한 것을 알려주기도 하고 새로운 투자 아이템을 찾아보기도 했다. 저녁 6시에 만나 카페가 문 닫을 때까지 이야기했다. 헤어지기 전에는 다음 모임까지 해야 할 숙제를 나눴다. 회사 일이 바빠도 그 숙제만큼은 꼭 하려고 노력했다. 스터디가 숙제 검사하는 딱딱한 분위기는 아니었다. 친한 친구와 수다를 떠는 분위기에 가까웠다. 하지만 숙제를 해야 한다는 긴장감이 자연스럽게 깔려 있었다. 그 시간을 꽤 알차게 보냈다. 성과도 좋았다. 투자 아이템이 떠오르면 빠르게 조사했다. 투자를 결정하기 직전 단계까지는 속도감 있게 진행했다. 최종 결정 단계에서 탈락한 아이템이 많았지만 숙제하는 데 들어간 노력이 아쉽지 않았다. 재미있었다. 이 스터디 덕분에 일반 투자자에게는 생소할 수 있는 쉐어하우스도 운영해보고, 가본 적도 없는 여러 지방 중소도시에 대한 정보도 빠르게 얻을 수 있었다. 매주 성장하는 게 느껴져서 금요일 부동산 수다 모임이 기다려지곤 했다. 함께하니 작은 성취감도 더 크게 느껴졌다. 독자 여러분들도 투자 메이트를 꼭 찾기를 바란다. 친구와 함께해야 투자 공부가 재미있다. 그래야 꾸준히 할 수 있다. 친구와 함께 자산을 늘리면 기쁨도 더 커질 것이다.

책 읽기는
꾸준히 하라

책 읽기의 중요성은 더 강조할 필요가 없을 정도로 많이 들어봤을 것이다. 독서를 해야 하는 이유는 다양하다. 학창 시절 우리는 지식과 정보 습득을 목적으로 독서를 했다. 교과서를 통해서 말이다. 교과서에는 지루하고 딱딱한 내용이 대부분이니, 독서 경험이 결코 즐거웠을 리 없다. 하지만 독서만큼은 유쾌하지 않더라도 꼭 하기를 추천한다. 부자가 되기 위해서 책 읽기는 필수다. 그 이유는 이미 큰돈을 번 부자들이 하나같이 독서를 강조하기 때문이다. 부자가 되려면 부자들의 행동을 따라 하고, 그들의 마인드를 배워야 한다. 부자들은 왜 독서를 많이 할까? 정보를 얻는다는 1차원적 목적 이상의 혜택을 독서를 통해 얻을 수 있기 때문이다.

책을 읽으면 다양한 지식을 얻을 수 있다. 또한 저자의 경험을 내 것으로 만들 수 있다. 과거에는 지식을 얻는 방법이 한정적이었다. 직접 찾아가서 배우는 방법이 아니면 책을 통해 지식을 얻는 방법이 유일했다. 선생님이 가까이 있으면 찾아가기라도 수월했겠지만 멀리 떨어져 있는 사람의 지식을 배우는 유일한 방법은 독서였다. 특히 이미 세상을 떠난 대가의 견식을 배울 수 있는 유일한 수단이 독서였다. 하지만 인터넷과 매체의 발달로 지식을 얻는 방법은 다양해졌고, 책을 읽는 것보다 더 쉬워지기도 했다. 간단한 검색으로 다양한 정보를 얻을 수 있다. 특히 최근 SNS의 발달로 최신 정보도 빠르게 얻을 수 있게 되었다. 챗GPT 같은 생성형 AI는 긴 글을 짧게 요약해주기까지 한다. 많은 시간을 들여 책에 있는 긴 글을 읽을 필요가 없어진 것이다. 책은 더 이상 정보를 얻기 위한 가장 효율적인 도구가 아니다. 그러나 독서는 정보를 얻는 수단에만 국한되지 않는다.

여전히 책의 주된 기능은 글로 정보를 전달하는 것이다. 하지만 그 기능은 상대적으로 약해졌다. 아이러니하게도 책의 이 약점이 우리에게 큰 도움을 준다. 말과 글을 쓸 수 있기 때문에 현재 인류가 자연 생태계의 최상위 포식자에 위치할 수 있었다. 말과 글을 통한 커뮤니케이션 덕분에 집단 사냥을 할 수 있었고, 사냥에 필요한 도구를 발달시킬 수 있었다. 글로만 정보를 전달하는 데는 한계가 있기에 그림으로 부족한 점을 채웠다. 무술 비법서처럼 정교한 동작을 설명해야 할 때는 그림을 그려 설명한 것이 그 예다.

그림으로 동작을 설명해둔 《무예도보통지》

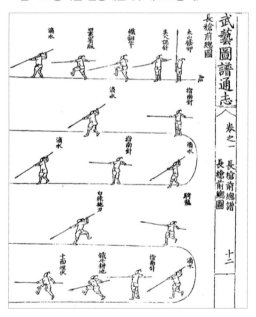

출처 : 《무예도보통지》, 한국학중앙연구원 장서각 소장 자료

글과 그림이 합쳐져 빠르게 보여지는 것이 동영상이다. 동영상은 소리로 정보를 전달하기도 한다. 정보 전달의 가장 효율적인 수단이다. 동영상은 짧은 시간에 많은 정보를 정확하게 전달할 수 있다. 사람은 정보를 얻으면 이미지로 바꿔서 기억에 저장한다. 우리가 독서를 할 때 눈으로는 글을 읽지만 뇌에서는 글을 이미지로 바꾸는 과정을 거친다. 코끼리를 한 번도 보지 못한 사람에게 글로 코끼리를 설명하기란 불가능하다. 글로 아무리 자세히 표현해도 코끼리를 정확히 상상해낼 수 없기 때문이다. 한 번도 경험하지 못한 정보는 글을 읽더라도 이해하기 어려운 사례다. 동영상은 이미지로 된 정보다. 말이나 글을 이미지로 바꾸는 뇌 활동을 생략할 수 있다. 독서보다 동영상을 보는 것이 뇌 에너지를 적게 쓴다. 정보 전달 수단으로써 동영상이 책보다 훨씬 뛰어난 이유다. 그러나 책의 이 약점 덕분에 우리는 더 큰 것을 얻을 수 있다.

첫째, 독서는 뇌 운동을 활발하게 한다. 독서를 하면 인지 능력과 사고력을 증진시킨다는 연구 결과도 있다. 책을 읽을 때 우리의 뇌는 글을 이미지로 바꾸는 작업을 꾸준히 한다. 많은 에너지가 쓰인다. 책을 자주 읽지 않는 사람은 책 몇 페이지만 읽어도 졸린다. 뇌가 에너지를 많이 써서 충전을 하려는 신호다. 또한 소설이나 문학 작품을 읽을 때 독자가 주인공의 감정과 상황에 공감하게 된다. 이것이 상상력과 공감 능력을 강화시키는 데 도움이 된다. 이런 인지적 활동은 뇌를 더욱 활발하게 만들고, 우리 머리에 기억되어 있는 정보간 연결성을 개선시킨다. 학습과 기억 능력, 문제해결 능력, 창의성에도 긍정적인 영향을 준다. 이것들은 투자를 잘하는 데 도움을 준다. 투자의 본질은 불확실한 미래를 예측한 후, 예측한 결과에 돈을 베팅하는 것이다. 깊이 있는 사고를 해야 미래를 좀 더 정확하게 예측할 수 있다. 깊이 있는 생각이 투자 성공 확률을 높이는 것이다. 성공적인 투자를 하려면 독서를 꾸준히 해야 한다.

둘째, 독서는 집중력 향상에 도움을 준다. 우리는 정보가 방대하고, 해야 할 일 또한 많은 시대에 살고 있다. 관심을 둘 곳이 많아지니 집중력이 분산된다. 특히 스마트폰으로 인해 손쉽게 많은 정보에 도달할 수 있다 보니 집중력이 크게 요구되지 않는다. 빅테크 기업들은 우리의 집중력을 더 떨어뜨려 돈을 벌고 있다. 틱톡에서 시작된 숏폼 동영상이 대표적이다. 1분 이내의 짧은 동영상을 보는 데는 많은 집중력을 요구하지 않는다. 짧게 집중하고 바로 즐거움이라는 보상을 받을 수 있다. 이 행위를 반복하도록 만든 것이 숏폼 동영상이다. 숏폼 영상 하나는 1분을 채 넘기지 않지만 스크롤을 하다 보면 어느새 30분을 훌쩍 넘기게 된다. 인스타그램에서 사진 몇 장, 짧은 동영상 몇 개를 봤을 뿐인데 1시간이 훅 지나간 경험을 해본 적 있을 것이다. 이런 행동을 반복하면 우리의 집중력은 더욱 저하된다. 하지만 어려운 문제를 해결하려면 집중력이 반드시 필요하고, 또 긴 시간 집중력을 유지할 필요가 있다. 그러나 집중력을 회복하겠다고 스마트폰을 버릴 수도 없다. 이미 스마트폰은 우리의 신체 일부처럼 없어서는 안 되는 기기가 되었기 때문이다.

그래서 더욱 독서가 집중력을 올릴 수 있는 가장 효과적인 방법이라고 생각한다. 책을 읽는 동안 내용에 몰입하게 되어 주변의 여러 자극들로부터 멀어진다. 독서에 익숙하지 않으면 5분이 멀다 하고 스마트폰을 만질 것이다. 하지만 독서에 익숙해지면 1시간 넘게 책을 읽게 된다. 자신의 최근 일상을 되돌아보자. 하루 15분 이상 한 가지 일에 집중한 횟수가 얼마나 있는가? 많지 않을 것이다. 하루에 딱 15분만 책을 읽어보자. 적어도 15분 동안 한 가지에 주의를 집중시키는 것이다. 앞서 이야기한 것처럼 글을 읽는 행동은 뇌 활동을 활발하게 한다. 책 읽는 과정에서 이해력과 사고력이 발전하게 된다. 문제해결 능력도 향상된다. 투자에 성공하기 위해서는 문제해결 능력을 키워야 한다. 불확실한 미래를 예측하는 매우 어려운 과정을 거쳐야 하기 때문이다. 독서가 투자에 도움이 되는 이유다.

셋째, 투자를 하는 데 있어 독서가 중요한 이유는 자신감 향상이다. 투자를 하기 전 철저하고 냉정하게 분석했다고 하더라도 투자를 실행하기 직전에는 늘 두렵다. 미래를 100% 예측할 수 없기 때문이다. 그 두려움을 이겨낼 수 있게 해주는 것이 바로 자신감이다. 스스로에 대한 믿음이 있어야 큰돈도 베팅할 수 있다. 독서는 자신감을 올릴 수 있는 가장 쉽고 강력한 방법이다. 그럼에도 다들 독서는 어렵다고 한다. '2021년 국민 독서실태' 조사에 따르면 우리나라 성인의 평균 종합 독서량은 1년에 4.5권이다. 새해에 세우는 3대 목표가 다이어트, 어학공부, 독서라고 한다. 독서를 잘하고 있는 사람들은 독서를 새해 목표로 하지 않을 것이기에 독서가 어렵다는 반증이다. 이 어려운 독서를 꾸준히 한다면 자기 스스로가 뿌듯할 것이다. 자신감이 올라갈 것이다. 스스로 할 수 있다는 믿음, 자기 효능감도 올라갈 것이다.

하루 15분만 독서를 해보자. 15분이면 20페이지 이상 읽을 수 있다. 한 달이면 600페이지를 읽게 된다. 대부분의 책이 400페이지 미만이니, 하루 15분만 투자하면 한 달에 1권 이상, 1년에 12권 이상의 책을 읽을 수 있다. 정해진 시간에 알람을 맞추고 딱 15분만 집중해보자. 두 달 정도 이것을 꾸준히 하면 습관이 된다. 그 후로는 자기도 모르게 책에 손이 갈 것이다. 독서를 하고 있는 스스로의 모습에 감동할 것이다. 투자는 어려운 분석 과정을 거쳐야 한다. 그 과정이 어려워서 포기하는 사람이 대다수다. 하지만 스스로 할 수 있다는 믿음이 있다면 이 어려운 과정도 극복할 수 있다. 독서는 하루 15분의 투자로 스스로에 대한 믿음을 올릴 수 있는 좋은 방법이다.

3

돈 공부를 하자

자본주의를 알아야
제대로 투자할 수 있다

자본주의(資本主義)를 단어 그대로를 해석하자면 자본(資本)이 주(主)인인 생각(義)이다. 자본이 지배하는 경제 체제이자, 극단적으로는 자본이 세상을 돌아가게 하는 힘이자 권력의 원천인 사회를 자본주의라고 할 수 있다. 자본주의 경제 시스템은 자유로운 경쟁을 바탕으로 한다. 경쟁을 통해 얻은 사유 재산을 인정하고, 이것이 주요 동기가 되어 더 많은 재산을 쌓기 위해 자발적으로 노력한다. 자본주의를 돌아가게 하는 원동력이다.

재산을 쌓는 방법은 크게 두 가지가 있다. 첫 번째는 생산자가 되어 사업소득을 얻는 방법이다. 다른 한 가지는 생산자에게 노동을 제공하고 돈을 얻는 방법이다. 이를 노동소득이라고 한다. 자본주의에서 노동소득은 사업소득보다 클 수가 없다. 그 이유를 함께 살펴보자.

전통 경제학에서 생산의 3요소는 토지, 노동, 자본이다. 토지는 땅만 해당되는 것이 아니라 생산에 필요한 시설이나 설비를 모두 포함한다. 생산자는 자본으로 토지를 살 수 있다. 그리고 자본으로 노동자를 고용할 수 있다. 자본만 있으면 생산의 3요소를 모두 갖출 수 있다. 이런 이유로 전통 경제학에서는 생산자와 자본가가 비슷한 의미로 쓰인다. 자본가는 왜 생산을 하려고 할까? 인류의 삶을 개선하고자 하는 인도주의적 의도로 생산을 할까! 그런 자본가도 있겠지만 극소수에 불과할 것이다. 자본가가 생산을 하는 주된 이유는 더 많은 돈을 벌기 위해서다. 그런데 노동자가 생산자보다 더 많은 수익을 올린다면 어떻게 될까? 생산자는 사라지고 모두 노동자가 되려고 할 것이다. 노동소득은 생산자로부터 나온다. 생산자가 없어지면 노동자도 존재할 수 없다. 자본주의는 멈추게 된다. 생산자가 노동자보다 더 많은 수익을 올려야 생산자가 생겨난다. 그에 따라 노동자도 생산자로부터 노동소득을 얻을 수 있다. 이처럼 자본주의가 정상적으로 돌아가려면 생산자가 얻는 사업소득이 노동소득보다는 많아야 한다.

또, 자본주의 시스템이 정상 작동하려면 생산자 수가 노동자보다 적어야 한다. 생산자가 많고 노동자가 적어지면 임금이 올라간다. 노동소득이 계속 올라 사업소득을 넘어서면 생산을 하려는 사람보다 노동을 하려는 사람이 많아진다. 그러면 임금은 내려간다. 노동소득이 사업소득보다 적은 또 다른 이유다. 그리고 생산자가 만들어낸 생산품이나 서비스는 다수의 노동자가 소비를 한다. 이때 상품의 가격은 원가와 이윤의 합으로 볼 수 있다. 원가에는 노동자의 임금이 포함된다. 사업소득이 노동소득보다 많아야 자본주의가 제대로 작동된다고 했으니 사업소득에 해당되는 이윤이 임금보다 많아야 한다. 그러므로 자본주의 시스템에서 노동자가 부자가 되는 것은 본질적으로 힘들다. 자본이 중심이 되는 자본주의에서는 자본가가 운전대를 잡고 있다고 할 수 있다.

당신이 노동자라면 주도권을 자본가에게 넘겨주었다는 생각에 실망할 수도 있다. 하지만 너무 억울해할 필요는 없다. 우리도 모르는 사이에 이미 자본의 혜택을 많이 누리고 있기 때문이다. 《정의란 무엇인가》, 《돈으로 살 수 없는 것들》의 저자이자 하버드대 교수인 마이클 샌델(Michael Sandel)의 글을 응용해서 우리가 돈으로 누리고 있는 것들을 알아보자.

에버랜드는 우리나라에서 가장 유명한 놀이공원이다. 항상 사람이 많다. 특히 주말이나 연휴에는 더 많은 사람이 방문한다. 인기 있는 놀이기구 하나를 타려면 1시간 이상 줄을 서야 한다. 그런데 가끔 줄을 서지 않고 통과해 지나가는 사람을 볼 수 있다. 'Q-pass 티켓'을 구매한 사람이다. 'Q-pass'를 위한 줄이 따로 있다. 당연히 일반 입장권보다 비싸다. 일반 입장권을 제휴카드 할인 등을 통해 구매하는 점을 감안하면 'Q-pass 티켓'의 가격은 2배 이상 비싸다. 당신이 1시간 동안 줄을 서서 기다려 놀이기구를 타려는 순간, 누군가가 당신 앞을 새치기했다고 상상해보자. 화가 머리끝까지 날 것이다. 싸움이 날 수도 있다. 그러나 'Q-pass 티켓'을 구매한 사람들은 어떠한 분쟁 없이 당신을 새치기한다. 그들에게는 화가 나지 않는다. 화를 낼 수도 없다. 오히려 부럽다는 생각이 들 수도 있다. 롯데월드에도 '매직패스'라는 합법적인 새치기를 할 수 있는 티켓이 있다. 이 뿐만이 아니다. 에버랜드 주차장에서도 비슷한 일이 벌어진다. 에버랜드 정문에 가까운 주차장은 유료다. 무료 주차장도 있지만 에버랜드 정문에서 멀리 떨어져 있다. 걸어서 가기에는 부담스러운 거리다. 무료 주차장에서 가는 사람들은 주로 셔틀버스를 타고 이동한다. 정문 주차장은 유료임에도 불구하고 이른 시간에 가득 찬다. 셔틀버스를 타고 이동하는 시간과 불편함을 돈으로 해소하려는 사람들이 많기 때문이다. 'Q-pass 티켓'보다는 약한 새치기라고 할 수 있다.

신용카드 고객센터에 전화해본 적이 있는가? 상담전화가 많이 몰리는 점심시간에 상담원과 통화하려면 대기를 해야 한다. 성가신 일이다. 하지만 신용카드를 많이 쓰는 우수고객들은 대기 시간이 거의 없다. 우수 고객의 전화번호를 인식해 별도 회선으로 돌려주기 때문이다. 당신이 신용카드사의 우수고객이라면 이미 합법적인 새치기를 하고 있는 셈이다. 자본주의 체제에서 흔히 일어나는 일들이다. 누군가는 자본주의를 욕할 수도 있다. '부익부 빈익빈' 같은 단점이 분명 존재하기 때문이다. 그렇다고 단점을 해결하고자 사회주의로 갈 수는 없다. 더 큰 문제들이 있기 때문이다. 사회주의는 이미 실패가 검증된 체제다. 우리는 자본이 중심이 되는 자본주의에서 살 수밖에 없다. 이 체제에서는 'Q-pass', '정문 주차장'처럼 불편함을 줄여주는 도구를 이용하려면 돈이 필요하다. 더 여유롭게 살기 위해서는 더 많은 돈을 버는 방법밖에 없다. 앞서 자본주의 경제체제에서 노동자가 부자가 되기는 어렵다고 했다. 좀 더 여유로운 삶을 위해서는 생산자가 되어야 한다. 월급을 모아 부자가 되겠다는 생각은 희망이 많이 반영된 바람일 뿐이다. 그 바람이 자본주의에서는 실현될 가능성이 낮다.

투자를 위해 필수로 알아야 하는
인플레이션

인플레이션은 우리 모두에게 익숙한 경제학 용어다. 투자를 하는 데 있어 반드시 알아야 하는 상식이다. 이것을 완벽하게 이해해야 투자를 잘하는 것은 아니지만, 인플레이션의 개념을 이해하고 나면 투자를 반드시 해야 한다는 사명감이 생길 것이다.

'인플레이션은 물가가 오르는 현상이다.' 인플레이션을 가장 쉽게 설명한 문장이다. 물가, 즉 물건의 가격이 오르는 현상을 인플레이션이라고 한다. 라면이 1,500원이었는데 1,700원으로 오르면 인플레이션이 발생했다고 한다. 소비자 입장에서 이야기하면 같은 물건을 사는 데 더 많은 돈이 들어가는 현상이다. 돈의 관점으로 보면 또 다르게 표현될 수 있다. 돈의 가치가 하락한 것이다. 라면 1개와 비누 2개를 물물교환하는 사회가 있다고 가정해보자. 둘의 가치가 비슷하기 때문에 교환이 일어난다. 그런데 비누 생산 설비의 혁신적인 발전으로 비누 공급이 많아졌다. 비누가 많이 생산되어 흔해지면 비누 가치는 하락한다. 이제는 비누 4개를 줘야 라면 1개와 교환이 가능하다. 라면 1개를 얻으려면 비누는 2배가 필요해졌다. 비누의 가치가 반토막 났기 때문이다. 비누를 화폐로 바꿔서 생각해보자. 라면 1개를 얻는 것은 똑같은데 현금 1,500원이 아닌 1,700원을 줘야 한다면 현금 가치가 하락한 것이다. 비누의 가치가 하락해 라면을 사는 데 비누가 더 필요했던 것처럼 현금 가치가 하락했기 때문에 현금이 더 필요한 것이다. 돈의 관점에서 인플레이션은 돈 가치의 하락이라고 볼 수 있다.

왜 이런 현상이 발생할까? 인플레이션은 다양한 원인으로 발생하지만 기본적으로는 수요와 공급으로 설명할 수 있다. 공급은 일정한데 수요가 증가하면 물건 가격이 오른다. 코로나19가 확산되기 시작하던 2020년 초를 떠올려보자. 마스크 대란이 있었다. 평소 1,000원도 하지 않던 마스크를 중고나라에서 5,000원을 주고도 쉽게 구하지 못했다. 수요가 폭증했기 때문에 가격이 급등한 것이다.

수요 변화가 없더라도 공급이 줄면 인플레이션이 발생한다. 우크라이나-러시아 전쟁으로 인해 곡물 수출이 원활하지 않자 공급에 차질이 생겼다. 그러자 밀가루, 옥수수 등의 곡물 가격이 많이 올랐다. 그리고 코로나19의 영향으로 사람들의 이동이 제한되어 노동력 확보가 어려워져 물류 또한 순조롭지 못했다. 수요는 꾸준한데 물류망 문제로 공급이 안 되니 물건 가격이 올랐다. 인플레이션이 발생한 것이다.

팬데믹 이전에는 어땠을까? 물류에 큰 문제가 없었다. 글로벌 회사들은 물건을 싸게 생산하기 위해 끊임없이 노력했다. 인건비를 줄이기 위해 중국, 그리고 베트남에 공장을 지었다. 중국은 세계의 공장이라고 불리며 싼 값에 물건을 전 세계에 공급했다. 미국의 프리랜서 기자 사라 본지오르니(Sara Bongiorni)가 1년간 중국산 제품 없이 살아보기에 도전했다. 1년이 채 안 되어 중국산 제품 없이 살기는 불가능하다고 결론 내리고 도전을 포기했다. 2005년에 일어난 일이다. 지금은 이 도전이 더 어려워졌을 것이다. 중국의 생산력 덕분에 전 세계가 인플레이션을 잊고 있었다. 저성장 저금리를 '뉴노멀'이라고 부르며 뉴노멀 시대에 대비해야 된다는 책들이 쏟아져 나왔다. 코로나19로 인해 한동안 언급되지 않던 인플레이션이 주목받았다. 하지만 투자자라면 인플레이션은 항상 발생한다는 것을 꼭 알아둬야 한다. 라면 가격이 오르는 것만이 인플레이션이 아니다. 아파트 가격이 오르고 주식 가격이 오르는 것도 인플레이션이다.

다음 그림은 한국은행에서 발행한 화폐 양을 연도별로 나타낸 것이다. 한국은행에서 찍은 화폐를 '본원통화'라고 하는데, 2010년부터 2022년까지 390%가 늘었다. 앞서 비누 생산이 늘어 공급이 많아지면 비누 가치가 하락한다고 했다. 한국은행이 화폐를 더 많이 공급했으니 화폐 가치 또한 하락했다고 볼 수 있다. 단순 계산으로는 2010년부터 2022년까지 390%의 역수만큼 하락했다고 생각할 수 있다. 2010년에 1,000원짜리 지폐가 2022년에는 260원의 가치로 떨어진 것이다. 인플레이션을 이렇게 단순하게 계산할 수는 없지만 돈이 얼마만큼 흔해졌는가, 돈의 공급이 얼마나 많아졌는지만 따진다면 이렇게 생각해볼 수도 있다.

우리나라 본원통화 추이

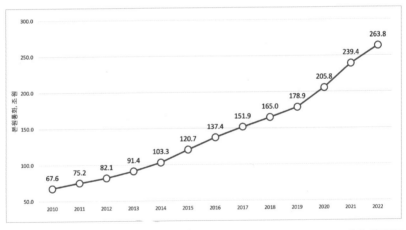

출처 : 한국은행

우리나라 광의통화(M2) 추이

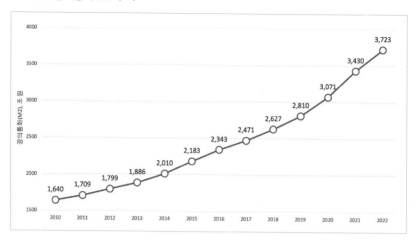

출처 : 한국은행

시중에 돈이 얼마나 돌고 있는지 확인하는 지표 중 '광의통화(M2)'가 있다. 한국은행에서 발행한 화폐, 즉 본원통화에 은행에서 수시로 찾을 수 있는 보통 예금에 만기가 있어 당장은 인출하기 어려운 적금과 예금 등을 더한 값을 '광의통화'라고 부른다. 광의통화 또한 꾸준히 증가했다. 2010년 1,640조 원에서 2022년에는 3,723조 원이 되었다. 증가량은 227%이다. 시중에 유통되는 돈은 지속적으로 증가했다. 공급이 늘었기 때문이다. 돈의 가치가 하락할 수밖에 없다.

그리고 우리나라 통화량을 관리하는 한국은행은 물가안정목표를 설정하고 있다. 그 목표는 소비자물가 상승률이 전년 동기 대비 2%다. 목표를 달성하더라도 매년 2%의 인플레이션은 발생한다는 의미다. 한국은행은 '한국은행법' 제6조 제1항에 의거, 정부와 협의해 물가안정목표를 설정하고 있다. 2019년 이후 물가안정목표는 소비자물가 상승률(전년 동기 대비) 기준 2%다. 한국은행은 중기적 시계에서 소비자물가 상승률이 물가안정목표에 근접하도록 통화신용정책을 운영하며, 소비자물가 상승률이 목표수준을 지속적으로 상회하거나 하회할 위험을 균형 있게 고려한다.

인플레이션이 내 지갑을 얇게 하기 때문에 부정적으로 생각되지만 나쁘게 볼 필요는 없다. 자본주의는 인플레이션이 있어야 돌아간다. 현금을 가지고 있을수록 가치가 올라간다면 돈을 쓰지 않고 금고에 현금만 가득 채워놓을 것이다. 물건을 사고팔아야 경제가 돌아가는데 현금을 보관한 채 쓰지 않으면 경제시스템이 멈춰버린다. 자유경제 시스템에서 살아가는 한 인플레이션은 받아들여야만 한다. 조금 과장하자면 우리가 살아가기 위해 산소가 필요한 것처럼 자본주의가 살아가기 위해서는 인플레이션이 필요하다고 할 수 있다. 자본주의에서 현금 가치는 시간이 갈수록 낮아질 수밖에 없다. 지갑 속에 현금을 넣어두고 있으면 상대적으로 빈곤해진다. 보유한 현금을 가치가 떨어지지 않는 물건으로 바꿔야 우리의 현재 자산을 미래에도 유지할 수 있다. 투자는 현금 가치 하락으로부터 내 자산을 지키는 것에서 시작한다. 투자를 하지 않고 현금을 쌓아두고 있으면 부자는커녕 상대적으로 계속 가난해지는 방향으로 나아가게 된다는 사실을 기억해야 한다.

인플레이션으로
내 대출도 녹는다는 사실

앞에서 우리는 인플레이션이 무엇인지 살펴봤다. 대다수 국가의 중앙은행들은 적정한 인플레이션이 일어나도록 조절하는 역할을 한다. 정도의 차이는 있겠지만 매년 꾸준히 인플레이션은 발생한다고 볼 수 있다.

2019년 시작된 코로나가 전 세계로 확산되자 경기 침체를 막고자 각국은 엄청난 돈을 풀었다. 2008년 금융 위기 이후 경기 부양을 위해 풀었던 돈의 양이 무색할 정도였다. 그러나 코로나로 인해 사람들이 소비하지 못하다 보니 물가는 크게 오르지 않았다. 그러다가 2021년 중반부터 시장에 균열이 생기기 시작하면서 물가가 상승했다. 러시아와 우크라이나 간 전쟁, 코로나로 인한 공급망 문제도 있었지만 가장 큰 이유는 엄청나게 풀렸던 돈이 시장에 돌기 시작하면서 물가가 오른 것이다. 채소, 과일, 고기 등의 식재료값이 오르고, 기름값도 올랐다. 심지어 2014년 이후 가격 인상이 없었던 스타벅스의 아메리카노 가격도 올랐다. 안 오른 것을 찾기 어려울 정도로 다 올랐다.

이런 상황이다 보니 각국 중앙은행은 기준 금리를 가파르게 올리기 시작했다. 한국은행은 2021년 8월부터 금리를 올리기 시작했고, 미국 중앙은행인 FRB는 2022년 3월부터 엄청난 속도로 금리를 올렸다. 기준 금리의 상승으로 대출 이자도 같이 올랐다. '영끌'로 대출을 받아 집을 산 사람들은 엄청나게 후회한다는 기사가 쏟아지기 시작했다. 당시 나에게 들어온 상담 요청의 절반 이상이 대출 부담에 대한 것이었다. 2%대 금리로 받았던 담보대출과 신용대출 금리가 갑자기 6~7%가 되어버리니 이자 부담이 2배 이상 커진 것이다. 월급은 크게 늘지 않았는데 대출 이자는 큰 폭으로 올랐으니 답답한 마음에 상담을 요청한 것이다. 현재 대출을 받은 상태라면 모두가 비슷한 고민이 있을 것이다.

그럼 여기서, 조금은 희망적인 이야기를 해보자. 인플레이션 때문에 금리가 올랐지만 인플레이션 덕분에 내 대출금도 녹고 있다. 나도 모르는 사이에 내가 받은 대출금의 가치가 줄어들고 있다는 것이다. 이게 무슨 말인가 하면, 물가 상승을 막으려고 금리를 올렸지만 시간이 지나면 금리는 다시 내려갈 가능성이 높다. 대출 이자도 다시 내려갈 것이다. 그러나 인플레이션 때문에 오른 물가는 다시 내려가지 않는다.

간단한 예를 들어 보자. 대출 금리 3%로 1억 원을 빌렸다고 해보자. 대출 이자는 월 25만 원이다. 그리고 매달 밥값으로 25만 원을 쓰고 있다고 해보자. 대략 하루에 8,000원 꼴이다. 그런데 물가가 올라버렸다. 야채값, 고기값, 쌀값도 올랐다. 하루 밥값으로 만 원을 쓰게 되었다. 식비가 매달 25만 원에서 30만 원으로 늘었다. 물가가 오르니 금리도 올랐다. 대출 금리가 3%에서 6%까지 올랐다. 대출 이자가 월 25만 원에서 월 50만 원이 되었다. 3% 금리일 때 대출 1억 원의 이자는 괜찮았지만 6%가 되면서 너무 힘든 상황이 되었다.

여기서 반대로 생각해보자. 인플레이션은 물가 상승이고, 화폐 가치는 하락이라고 앞 장에서 설명했다. 식비가 월 25만 원에서 30만 원이 됐다는 것은 물가가 20% 오른 것이고 화폐 가치는 20% 떨어진 것이다. 대출금은 현금, 즉 화폐다. 내 대출 1억 원의 가치도 20%나 떨어진 것이다. 이전에는 매월 25만 원(연 300만 원)의 식비 지출을 했으니, 1억 원으로 33년치의 밥을 먹을 수 있었는데 이제는 매월 30만 원(연 360만 원)의 식비 지출을 하게 되었으니 27년치의 밥값으로 줄었다. 만약 1년 뒤에 물가 상승률이 안정되었다고 해보자. 금리도 내려갈 것이다. 금리가 다시 3%가 된다면 내 대출 이자는 월 25만 원으로 줄어든다. 하지만 올랐던 식비는 다시 줄어들지 않는다. 한번 오른 물가는 쉽게 내리지 않는다. 월 30만 원이 식비로 쓰인다. 이렇게 1년, 2년, 3년, 10년…, 30년이 지나면 어떻게 될까? 그동안 금리는 오르락내리락하겠지만 물가는 계속 오를 것이다. 화폐 가치는 계속해서 떨어지고 내 대출금의 가치도 함께 녹게 된다. 단기간에 금리가 급등한 최근 상황만 보면 공감이 안 될 수 있다. 하지만 우리가 10년 전에 1억 원을 빌렸다고 해보자. 그때의 1억 원과 현재의 1억 원은 분명 체감이 다를 것이다. 1억 원은 여전히 큰 금액이지만 10년 전과 비교하면 상대적으로 느껴지는 무게가 분명 다르다. 시간을 더 늘려보자. 30년 전 1억 원과 현재의 1억 원은 어떤가? 인플레이션으로 대출금이 녹고 있다는 게 조금은 다가올 것이다.

말도 안 되는 것 같다고? 세계에서 가장 잘사는 미국 정부가 이것을 활용하고 있다면 믿겠는가? 다들 알다시피 미국은 기축통화국이다. 기축통화국은 전 세계에 유통되는 화폐 수량을 조율하며 인플레이션을 만들어낼 수 있다. 미국 정부의 부채는 2023년 12월 기준 34조 달러다. 한화로 약 4경 5,000조 원이다(달러 당 1,330원 기준). 이 빚을 다 갚을 수 있을까? 불가능할 것이다. 부채가 많을 때 그 부채를 없애는 효과적인 방법이 인플레이션이다. 원금을 갚아서 절대금액을 낮추는 게 아니라 화폐 가치를 떨어뜨려서 부채 감소 효과를 보는 것이다. 다음의 2022년 8월 매일경제 기사의 제목을 보면 이해가 될 것이다.

'인플레로 정부부채 감소효과, 미국, 유럽 6천 조
- 화폐 가치 낮아지면서 갚아야 할 실질부채 감소'

그럼 또 한 가지 의문이 들 것이다. "대출금이 녹는 건 알겠는데, 내 소득도 녹는 거 아냐?" 맞다. 우리의 소득도 같이 녹는다. 그런데, 여기에서 중요한 포인트! 금리가 오를 때 대출 이자 부담을 버틸 수 있는 소득을 지속적으로 만들어야 한다는 것이다. 앞서 이야기한 것처럼 대출금이 녹는 데는 시간이 필요하기 때문에 버틸 체력이 요구된다. 그리고 물가가 크게 오르면 내 월급, 내 소득도 같이 녹기 때문에 지속적으로 수입을 늘리기 위한 노력이 필요하다. 자본주의의 인플레이션에 대응하는 핵심적인 방법이다.

인플레이션으로
내 소득도 녹고 있는데?

앞서 내 대출이 녹고 있다는 사실에 대해 이야기했다. 내 대출금이 녹고 있다는 것은 화폐 가치의 하락으로 인해서 내 대출금의 가치도 같이 줄어든다는 것이 핵심이다. "대출금이 녹는 건 알겠는데, 내 소득도 녹는 거 아냐?" 이런 의문이 든다면 정확하게 따라오고 있는 것이 맞다. 그렇다. 우리의 소득도 같이 녹는다.

인플레이션은 크게 다음의 3가지로 구분해볼 수 있다.

통화 인플레이션
말 그대로 통화(화폐)가 시중에 늘면서 통화 가치가 낮아지는 인플레이션이다. 사용할 수 있는 돈이 많을수록 사람과 기업의 구매력이 높아져 상품과 서비스에 대한 수요가 증가한다. 결과적으로 기업이 증가하는 수요를 충족시키기 위해 가격을 조정함에 따라 가격이 상승하기 시작한다. 통화 인플레이션은 양적 완화나 더 많은 돈을 발행하는 정부 정책, 그리고 외화 유입과 같은 외부 요인으로 주로 발생한다.

수요 견인 인플레이션

수요가 공급보다 많을 경우 발생하는 인플레이션이다. 수요 증가는 인구 증가, 소득 증가 또는 경제 성장을 비롯한 다양한 요인으로 발생한다. 상품과 서비스에 대한 수요가 기업이 생산할 수 있는 공급량을 넘어서면 공급 없이 수요만 있는 상황이 벌어진다. 소비자들은 가격 경쟁을 할 수밖에 없어진다. 코로나 확산 초기의 '마스크 대란'이 이에 해당한다. 기업은 이익을 높이려고 가격을 올린다. 수요 견인 인플레이션은 강한 수요에 의해 주도된다.

비용 인상 인플레이션

비용 인상 인플레이션은 원자재, 임대료, 임금, 제품생산, 서비스를 제공하는 데 필수적으로 필요한 비용이 증가해 발생한다. 인건비 상승(임금 상승), 원자재 비용 증가 또는 에너지 가격 상승과 같은 다양한 요인으로 비용이 오른다. 기업이 더 높은 생산 비용에 직면하면 일반적으로 상품 및 서비스 가격을 인상해 올라간 비용을 소비자에게 전가한다. 이런 유형의 인플레이션은 물가 상승이 임금 상승으로 이어지고, 이는 다시 생산 비용 상승 및 추가 물가 상승으로 이어지는 악순환으로 이어진다.

이 세 가지 인플레이션은 서로 상호작용하고 복합적으로 발생하기 때문에 반드시 순서가 정해져 있는 것은 아니다. 그러나 한 유형의 인플레이션에서 다른 유형의 인플레이션으로 이어질 수 있는 가능성이 높다. 그중에서도 통화 인플레이션이 출발점이 되는 경향이 있다. 중앙은행, 정부와 같은 주체들로 인해 시중에 화폐의 총량이 늘어나게 되면 경제에서 더 많은 돈을 사용할 수 있게 된다. 소비자와 기업 모두 구매력이 증가하는 셈이다. 이로 인해 인플레이션의 순서가 발생한다. 가장 먼저 주식, 부동산과 같은 자산의 상승이 발생한다. 금리가 낮고 다양한 대출 상품들이 생기면서 돈을 조달하기 쉬워지게 된다. 싼 조달 비용 덕분에 부동산, 주식과 같은 자산을 매입하는 사람들이 점점 더 많아지면서 자산은 상승한다. 그리고 자산이 오르는 것을 보면서 더 많은 사람들이 시장에 뛰어든다. 수요가 많아졌으니 가격은 또 상승하고 상승한 가격 덕분에 사람들은 또 몰리게 되고, 이게 반복적으로 일어난다. 이러한 자산 가격 상승과 정부의 돈 풀기 정책으로 사람들의 소비심리도 살아나 수요를 자극한다. 그다음으로는 원자재값이 오르고 물건의 가격이 오른다. 이것이 2021년부터 지금까지 우리가 경험하고 있는 물가 상승의 흐름이다. 그런데 안타까운 점이 있다. 월급이 오르지 않는다는 것이다. 우리가 우스갯소리로 많이 하는 "내 월급 빼고 다 오른다"는 말이 맞다. 내 월급 빼고 다 오른다는 말이 농담이 아니고 현실이다. 물가가 다 오르고 나서 근로자들이 따져야 그제서야 회사에서 월급을 인상해줄까 말까 한 상황이 펼쳐진다. 그나마도 물가가 오른 딱 그만큼만 올려준다.

왜 그럴까? 자본주의가 가진 특성상 그럴 수밖에 없다. 기업 입장에서는 임금을 올린다는 것은 비용이 올라가는 것이고 수익이 크게 줄어드는 일이다. 기업의 목적은 이익 창출이다. 기업뿐만 아니라 자영업이나 사업을 하는 사장님도 결국 똑같다. 자기의 이익을 줄이면서까지 직원을 먼저 챙겨주는 사장님을 찾기란 어렵다. 기업 입장에서 재료비는 조절할 수 없는 변수지만 인건비는 상대적으로 조절하기 쉬운 변수다. 이 때문에 이익이 줄어드는 상황이 오면 인건비를 줄이는 선택을 할 가능성이 높다. 최근 많이 보이는 키오스크와 음식 서빙 로봇은 물가 상승과 무관하지 않다. 정말 안타깝게도 직장인의 운명이다.

그래서 임금 외의 수입을 지속적으로 만들어내는 것이 필요하다. 근로소득 자체는 고정적이고 안정적이기 때문에 계획적인 삶을 살 수 있게 해준다. 또한 투자에 활용할 수 있는 좋은 수단이다. 하지만 근로소득만 바라보고 있다가는 인플레이션의 혜택을 가장 늦게 받거나 받지도 못하고 끝나버릴지도 모른다. 인플레이션으로 자산 가치가 올라가고 대출금은 녹더라도 내 소득이 더 빠르게 녹을 수 있다. 그냥 넋 놓고 있다가는 뒤통수를 세게 맞은 것 같은 느낌이 들 것이다. 그래서 우리 직장인은 다양한 현금 흐름을 반드시 만들어야 한다. 방법은 다양하다. 자금을 투입해서 월세와 같은 현금 흐름을 만들어낼 수도 있고 무자본으로 내 노동력만으로 현금 흐름을 만들 수도 있다. 처음 부업을 할 때는 무엇을 해도 좋지만 결국은 내가 일하지 않아도 돈이 들어오는 시스템을 만들기 위해 고민하고 도전해야 한다.

나도 나중에 뒷통수 맞는 것이 두려워서 부동산 투자와 함께 직장인이 할 수 있는 사업에 도전해왔다. 쉐어하우스를 운영하기도 했고 지금은 소호사무실과 카페를 운영 중에 있다. 이런 경험들을 더해 계속 새로운 것에 도전하고 있다. 월급이 녹는 것보다 더 빠르게 소득을 채워 넣어서 인플레이션에 대항하기 위함이다. 월급만이 수입이라면 인플레이션에 의해 나도 모르는 사이에 큰 손해를 입을 수 있다. 월급을 활용해 투자하고, 월급 외의 소득을 만들기 위해 지금부터라도 시작해야 한다.

돈이 스스로
일하는 시스템

빠르게 자산을 모으는 방법은 '덜 쓰기'와 '더 벌기'가 있다. 직장인의 '더 벌기' 방법으로는 부업과 투자가 있다. 부업은 경험치를 늘리고 다양한 시도를 해볼 수 있고, 또 스스로 성장하는 것을 느끼는 데 큰 도움이 된다. 하지만 부업은 자신의 몸을 움직여야 수익이 생기기 때문에 소득을 늘리는 데 한계가 있다. 고소득 직업 중 하나인 의사도 월급을 받고 있다면 수익의 최대치는 정해져 있다. 손오공처럼 분신술을 써서 우리 몸을 두 개, 세 개로 늘릴 수 있다면 돈도 두세 배 벌 수 있을 것이다. 아쉽게도 아직은 분신술을 배울 수 있는 곳이 없다. 하지만 분신술과 비슷한 방법은 있다. 돈을 우리의 분신으로 만들어 돈을 벌어오도록 하는 것이다. 직장인이 현대판 노예라고 했는데, 돈을 우리의 노예로 고용해보자.

돈으로 돈을 벌어오는 가장 쉬운 방법은 은행에 예금을 넣고 이자 수익을 올리는 것이다. 예금 5,000만 원의 이자 3%를 받는다면 월 125,000원의 부수입이 생긴다. 적다고 느낄 수 있지만 아무런 노동도 하지 않고 얻는 소득이기에 의미 있다. 부업을 해본 사람이라면 12만 원을 버는 게 결코 쉽지 않다는 것을 이미 느꼈을 것이다. 1억 원의 예금을 은행에 맡기면 125,000원의 2배인 25만 원이 매달 통장에 들어온다. 물론 소득세는 내야 한다. 2억 원, 3억 원 더 많은 돈을 예금으로 맡기면 더 큰 부수입이 생긴다. 아무런 노동을 하지 않고 말이다. 수익에 한계가 없다. 우리 몸은 하나지만 돈으로 만드는 우리의 분신은 무한대로 늘릴 수 있다. 물론 리스크는 감수해야 한다. 가장 쉬운 방법으로 돈을 불리는 은행 예금을 예시로 들었지만 은행도 망할 수 있다. 예금자보호법에 의해 원금이 보장되기는 하지만, 보장 원금은 은행당 5,000만 원으로 한도가 있다. 리스크만 관리할 수 있다면 노동을 거의 하지 않고도 돈이 들어오는 시스템을 만들 수 있다. 돈이 우리 대신 돈을 벌어오기 때문이다. 우리는 그것을 해내야만 한다. 노동으로 얻는 소득은 대부분 최대치가 있을 뿐만 아니라 그 기간이 길지 않기 때문이다.

적은 노력으로 돈이 들어오는 자동 수익 시스템! 상상만 해도 가슴이 두근거리지 않는가? 당신이 가족들과 여행을 가서 즐거운 시간을 보내고 있어도 당신의 돈은 놀지 않고 일을 해서 돈을 벌어온다. 돈이 당신의 노예기 때문이다. 심지어 당신의 노예는 잠도 자지 않는다. 24시간 일한다. 휴일도 없다. 당신이 상가를 사서 커피숍에 임대를 주었다고 해보자. 커피숍 사장님은 직접 매장에서 일하거나 직원들이 일하는 시간에만 돈을 벌 수 있다. 오전 9시에 오픈해서 오후 9시에 문을 닫는다면 12시간 동안만 매출이 일어나고 돈을 번다. 하지만 당신의 통장에 들어오는 월세는 커피숍이 문을 닫든 문을 열든 상관하지 않는다. 돈은 하루 24시간 일하는 대단한 체력을 갖고 있다. 이렇게 훌륭한 직원이 있다면 무조건 고용해야 하지 않겠는가? 부자들이 돈 걱정을 하지 않는 이유다. 단순히 돈이 많기 때문에 돈 걱정을 하지 않는 것이 아니다. 돈이 일해서 돈을 벌어오기 때문에 돈 걱정에서 자유로운 것이다. 우리도 돈의 노예가 되지 말고 돈이 일하는 시스템을 만들어서 돈을 노예로 쓰자.

잃지 않는 투자를
해야 한다

투자계의 살아 있는 전설 워런 버핏은 확실한 투자 철학을 갖고 있다. 그중 가장 중요한 투자 원칙은 원금 지키기라고 한다. 그는 다음의 두 가지 투자 원칙을 강조한다.

원칙 1 : 절대 돈을 잃지 마십시오.
원칙 2 : 원칙 1을 잊지 마십시오.

워런 버핏이 잃지 않는 투자를 강조한 이유는 이익을 내는 것보다 손실을 회복하는 것이 훨씬 어렵기 때문이다. 단순하게 계산해보자. 1,000만 원을 투자해서 50% 하락했다면 500만 원이 남는다. 이 돈으로 원금인 1,000만 원까지 만회하려면 수익률이 100%여야 한다. 하락한 비율보다 상승 비율이 2배 높아야 비로소 원금에 도달한다. 원금 지키기를 강조한 이유는 손실 만회가 어렵다는 점도 있겠지만 더 큰 이유가 있다. 원금을 잃으면 투자할 기회를 잃어버리기 때문이다. 반대로 원금을 잃지 않으면 언제든 투자할 수 있는 기회가 있다. 리스크 없는 투자는 없다. 원금을 잃을 수도 있다. 잃더라도 조금 잃어야 다음 기회를 노릴 수 있다. 원금을 모두 잃으면 투자 기회도 함께 상실한다. 잃지 않겠다는 생각을 확고히 갖고 있어야 신중한 투자를 할 수 있다.

잃지 않는 투자를 위한 첫 번째 방법은 의심을 많이 하는 것이다. 경제 뉴스를 읽으면서도 조금이라도 의심이 간다면 팩트 체크를 해봐야 한다. 독자의 관심을 끌기 위해 과장하거나 왜곡된 기사들이 많은데, 흔한 예로 아파트 가격이 폭락했다는 제목의 기사가 그렇다. 최고가 대비 얼마 떨어졌다라는 내용을 담고 있는데, 최고가를 기록한 것은 로얄동의 로얄층 판상형 타입이고 최저가는 1층 타워형임에도 단순히 최고가에서 최저가를 뺀 가격으로 몇 억 원이 떨어졌다는 기사를 쓴다. 부동산 상승장에서도 로얄층과 저층의 가격은 1억 원 이상 차이가 날 수 있다. 극단적인 예로 뷰에 따라서 5억 원 차이 나는 경우도 있었다. 부동산 상승기였던 2020년 5월, 네이버 부동산에 등록된 다음의 매물을 보자.

래미안퍼스티지 102동
매매 26억
아파트 · 113L1/84m², 15/31층, 남향
34 114추천 상가,지하철 가까운 메인단…
래미안114공인중개사사무소 | 매경부동산 제공
확인 20.05.09.

래미안퍼스티지 111동
매매 31억
아파트 · 113L1/84m², 3/32층, 남동향
34 로얄동 풀옵션 필로티 세안고
한강공인중개사사무소 | 부동산뱅크 제공
확인 20.05.08.

출처 : 네이버부동산

이 아파트 111동 앞은 단지 내 조경을 조망할 수 있는 집이다. 저층임에도 불구하고 일반적인 뷰를 가진 집과 대비해서 5억 원이나 비싸게 나왔다. 111동 3층이 31억 원에 먼저 거래되고 며칠 후 102동 15층 매물이 거래되었다면 '드디어 부동산 하락 시작, 5억 원 폭락' 이런 제목의 기사를 보게 될 것이다. 혹은 '아파트 선호 트렌드 바뀌다, 저층을 더 선호'라는 제목의 뉴스가 나왔을 수도 있다. 뉴스가 거짓을 전달한 것은 아니다. 사실을 다르게 해석했을 뿐이다. 팩트 체크를 하지 않고 뉴스 내용을 그대로 받아들이면 사실이 아닌 기자

의 생각을 받아들이는 꼴이 된다. 뉴스는 사실과 견해를 동시에 전달한다. 사실만 전달하지 않는다. 심지어 사실이 아닌 경우도 있다. 뉴스도 의심하고 봐야 내 자산을 지킬 수 있다.

잃지 않는 투자를 위한 두 번째 방법은 최악의 상황을 시뮬레이션해보는 것이다. 최악의 상황에서도 버틸 수 있고, 많이 잃지 않는 시뮬레이션 결과가 나올 때만 투자를 실행하자. 시뮬레이션이라고 어렵게 생각할 필요는 없다. 그 결과가 정확한 숫자로 나오면 좋겠지만 그렇지 않아도 상관없다. 안 좋은 상황이 어떤 조건에서 발생하는지 나열하고 그 조건이 발생할 확률이 얼마나 되는지 예측해보는 것만으로도 충분하다.

내 사례를 소개해본다. 2015년도에 친하게 지내던 공인중개소 소장님이 좋은 상가를 추천해주셨다. 매매가는 8억 원이었다. 월세는 500만 원, 1년에 6,000만 원이 들어오는 조건이었다. 임차인도 맞춰져 있었다. 단순 계산으로 연 7.5%의 수익이 기대되는 투자 물건이었다. 삼성전자 반도체 연구소가 배후에 있어서 수요가 충분하다는 설명을 들었다. 당시 대출 금리가 3% 초반이었기에 대출을 받아 매수하면 수익률이 10% 이상도 충분히 가능해 보였다. 월급만큼의 월세를 받는다고 생각하니 마음이 들떴다. 하지만 흥분을 가라앉히고 해당 물건의 조건을 꼼꼼히 나열했다. 나의 재무 상태도 확인했다. 최악의 상황을 시뮬레이션해보았다.

1. 대출 금리가 올라간다면 얼마까지 오를 것인가?

a. 5~6%까지 오르더라도 월세로 대출 이자를 낼 수 있다. 다만, 임대 수익은 2%대로 떨어질 것이다(지금은 대출 금리가 급등했지만 2015년도에는 저금리가 오랜 기간 유지되고 있었기에 대출 금리 5~6%면 최악의 상황이라고 가정했다).

2. 삼성전자 반도체 연구소 임직원들이 이 상가로 오지 않는다면?

a. 주변에 다른 주거지가 없다. 즉 배후수요가 삼성전자 임직원이 전부다.

b. 그렇다면 멀리서 사람들이 찾아올 수 있는 업종인가? 아니다. 콩나물 국밥 식당은 흔하다.

3. 현재 계약된 임차인이 퇴거한다면 다른 임차인이 들어오겠는가?

a. 월세 500만 원을 낼 수 있는 업종은 한정적이다. 유명 맛집, 또는 프랜차이즈 식당 정도나 되어야 그 월세를 감당할 수 있다.

b. 프랜차이즈 식당이 들어오겠는가? 어렵다. 배후 수요가 없는 곳에는 프랜차이즈가 진입하지 않는다.

결론 → 매수하지 않는다.

그리고 그 당시 재무 상태로는 공실이 났을 때 대출 이자를 감당하기 어렵다는 것도 매수를 하지 않은 이유 중 하나였다. 분명 중개소 소장님은 좋은 의도로 그 상가를 소개해줬겠지만 나에게는 맞지 않는 상가였다. 이 정도의 시뮬레이션으로도 원금 손실을 최소화할 수 있다.

잃지 않는 투자를 위한 세 번째 방법은 마인드 컨트롤을 잘하는 것이다. 사실 이것이 가장 중요하다. 투자는 매우 어렵고 집중을 요구하는 일이다. 뿐만 아니라 투자는 불확실한 미래에 베팅하는 행위기 때문에 불안함을 유발한다. 평정심을 유지하기가 참으로 어렵다. 그러다 보니 과한 욕심이 생기고 '한 방'의 유혹에 빠져들기 쉽다. "A는 이번에 투자해서 3억 원을 벌었대", "B는 투자금 없이 1억 원을 벌었대." 이런 악마의 속삭임도 자주 들린다. 자칫 잘못하면 충동적인 결정을 하게 된다. 이런 결정은 큰 손실을 불러온다. 스스로 기준을 잡고 투자에 대한 가치관을 확고하게 해야 잃지 않는 투자를 할 수 있다. 투자에 대한 시야를 넓게 가지는 것은 좋으나 다른 사람의 투자 사례에 마음이 흔들려서는 안 된다. 항상 차가운 마음을 유지해야 한다. 마인드 컨트롤만 잘해도 큰 손실을 보는 일은 결코 없다.

투자 기술보다
마인드가 더 중요하다

　잃지 않는 투자를 위해 가장 중요한 것이 마인드 컨트롤이라고 했다. 한 번의 실수로 오랜 시간 공들여 쌓은 투자 수익을 한순간에 날릴 수도 있다. 투자를 결정해야 할 때는 긴장감이 최고조에 달한다. 투자자는 이런 스트레스를 이겨내야 한다. 평점심을 잃지 않아야 한다. 이런 이유로 투자자에게 가장 중요한 것은 마인드 컨트롤이라고 한다. 또 한편에서는 마음 관리보다 투자 기술을 익히는 것이 더 중요하다는 의견도 있다. 나는 둘 중에서 마인드 컨트롤이 더 중요하다고 생각한다. 투자 기술은 한 가지만 제대로 익혀도 평생 써먹을 수 있다. 투자 기술과 원칙은 크게 바뀌지 않기 때문에 그것을 계속 반복하기만 해도 수익을 낼 수 있다. 하지만 그것은 올바른 마음가짐과 태도를 갖고 있을 때 가능한 일이다. 투자는 위험과 불확실성을 이겨내야 하는 일이다 보니 예민해지기 쉽다. 날카로운 상태에서는 충동적인 결정을 하기 십상이고, 이는 곧 투자 손실로 이어질 가능성이 높다. 투자 기술을 익히는 것은 지식과 경험을 갖추는 것이다. 시간이 지나면 이것들은 자연스레 익힐 수 있다. 하지만 마인드는 탄탄하게 쌓았더라도 순간적으로 무너질 수 있다. 평소 예의 바른 사람도 화가 나면 '욱' 하는 것과 같다. 특히 요즘처럼 변동성이 크고 침체된 시장에서는 더욱 마음 관리가 중요하다. 공부를 열심히 해도 수익을 내기가 쉽지 않기 때문이다. 투자를 위한 노력 자체에 회의감이 들 수도 있다. 투자라는 것 자체를 포기하고 싶은 생각이 들 수도 있다. 또한 '한 방을 노리는 잘못된 투자'의 유혹에 빠지기 쉽다.

나 또한 마음 관리가 참으로 힘들었다. 여러 번 슬럼프를 겪었다. 금전적인 슬럼프는 차라리 견딜 만했다. 그러나 정신적 슬럼프는 이겨내기가 너무나 힘들었다. 최근 겪었던 가장 큰 슬럼프는 2020년 7.10 부동산 대책이 나왔을 때다. 이미 여러 차례 부동산 규제가 나왔지만 약간의 손해를 감내한다면 우회로를 찾을 수 있었다. 하지만, 7.10 대책은 앞으로 투자도 하지 말고 보유하고 있는 물건도 다 매도하라고 압박했다. 4주택자 이상은 취득세가 12%로 급등했다. 같은 가격에 사더라도 남들보다 12% 비싸게 사는 꼴이 된 것이다. 추가 매수는 불가능해 보였다.

종합부동산세의 세율도 엄청 올랐다. 공시지가도 올랐고 종부세에 반영되는 공정시장가액비율도 오르는 상황이라 종부세가 기하급수적으로 늘었다. 이전에 나온 부동산 대책으로 양도소득세 중과가 적용되는 시기였다. 매도를 하면 세금만 왕창 내야 했다. 그렇다고 보유를 하자니 종합부동산세를 왕창 내야 했다. 앞뒤가 꽉 막혔다. 당시 지방 부동산을 추가 매수하려고 검토하고 있던 터라 충격이 더 컸다. 나름 투자 기간도 길고, '투자는 평생 하는 것'이라는 믿음도 있었지만 평점심이 무너지는 것은 순식간이라는 것을 경험했다. 정부의 규제 발표 직후 이틀은 쓰러져 있었다. 그간의 내 노력이 허무하게 느껴졌고, 아무것도 하기가 싫었다. 평소 밝은 모습만 보였던 나였기에 쓰러져 있는 나를 아내도 매우 걱정했다.

그러다 겨우 정신을 차렸다. 이대로 포기할 수는 없었다. 힘들게 쌓아놓은 자산을 잃을 수 없다는 생각에 규제를 이겨낼 방법을 찾기 시작했다. 간절했다. 다행히 방법을 찾았다. 재개발, 재건축 물건으로 포트폴리오 구성을 바꿨다. 보유세 부담을 줄이기 위해서였다. 재개발, 재건축은 프리미엄이 붙어 거래가액이 높지만 공시지가 또는 감정평가 금액이 적은 편이라 보유세가 적다. 보유세 부담만 없어도 버틸 수 있다고 판단했다. 투자를 할 때는 긍정적이고 능동적인 사고를 가지라고 책으로 배웠는데, 다행스럽게도 그것을 실천했다. 덕분에 지금까지 투자 시장에서 살아남았다.

마인드 컨트롤을 잘하는 첫 번째 방법은 '투자는 평생 하는 것이다'라는 마음을 갖는 것이다. 조급함이 없어야 실수를 하지 않는다. 잃지 않는 좋은 투자 방법을 익힌다면 그 방법을 활용해서 평생 돈을 벌 수 있다. 잃지만 않는다면 금전적으로 여유로운 삶이 보장된다는 믿음을 가져야 한다. 그래야 단기에 큰 수익을 올릴 수 있다는 과대 광고에 흔들리지 않을 수 있다.

마인드 컨트롤을 잘하는 두 번째 방법은 '스스로를 믿는 것'이다. 스스로에 대한 믿음이 없으면 유혹의 속삭임에 넘어가기 쉽다. 다른 사람의 투자가 더 달콤하게 느껴지기 때문이다. 다른 투자 방법을 배우는 것은 좋다. 적극적으로 배워야 한다. 그러나 그 방법이 내 상황과 맞는 투자 방식인지 잘 판단해야 한다. 판단 기준은 스스로 만들어야 한다. 언제든 투자로 수익을 낼 수 있다는 믿음이 있으면 더 객관적이고 촘촘한 그물망으로 좋은 투자 방법을 걸러낼 수 있다.

마인드 컨트롤을 잘하는 세 번째 방법은 긍정적으로 생각하는 것이다. 안 좋은 상황에서도 방법이 있을 것이라고 낙관적으로 생각해야 한다. 부정적인 생각은 시야를 좁게 한다. 특히 최악의 상황을 맞았을 때 긍정적인 마음은 큰 힘을 발휘한다. 최악의 상황에서는 비관적인 생각이 들 수밖에 없다. 그때 포기해버리면 모든 것을 잃는다. 잃더라도 적게 잃어야 다음 기회가 있다. 긍정적인 마음 없이는 살아날 방법을 찾기 어렵다.

투자의 세계에서 오래 살아남기 위해 마인드 컨트롤을 잘하자. 살아남기만 해도 돈을 벌 수 있는 기회는 계속 생기고, 경험치는 계속 쌓일 것이다.

투자 사이클의 기본
- 달걀이론

투자 시장에는 사이클이 존재한다. 좋은 시기가 있다가도 안 좋은 시기가 있고, 상승하다가도 갑자기 하락으로 돌아서기도 한다. 얼핏 사이클이라는 말을 들으면 우리는 당연히 하락할 때(쌀 때) 사서 상승할 때(비쌀 때) 팔면 되는 거 아닌가 하고 생각한다. 하지만 머릿속으로는 그런 생각을 하더라도 현실에서는 쉽게 실행에 옮길 수가 없다. 현실과 이론은 다르다. 사이클이 있다는 것을 알면서도 돈을 버는 사람은 소수다. 왜 그런 현상이 발생할까? 사이클에 따라서 사람들의 심리와 행동이 달라지기 때문이다.

사이클과 사람의 심리를 활용하는 투자에 있어 코스톨라니(Kosztolányi)의 투자 철학과 이론을 빼놓을 수 없다. 나 또한 투자를 시작할 때 코스톨라니의 영향을 크게 받았다. 내 투자 가치관의 근본이기 때문에 어떤 이론이고, 어떤 점에서 큰 영향을 받았는지 지금부터 자세하게 설명하고자 한다.

코스톨라니는 1906년 헝가리에서 태어나 18세에 주식 세계에 입문해 1999년에 영면하기까지 약 80년의 세월 동안 주식 투자자로 살아온 투자의 대가다. 주식과 채권 같은 금융 투자를 주로 했던 투자자지만 부동산 투자도 필수재인 특성을 제외하고는 다른 투자처와 동일하게 투자 사이클이 작동하는 곳이기 때문에 그의 생각을 적용할 수 있다. 투자에 대한 그의 명언과 철학

들이 많지만 그중에서도 코스톨라니의 '달걀이론'은 사이클의 원리를 알기에
너무 좋은 이론이다.

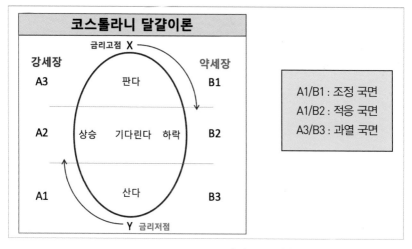

출처 : 코스톨라니 달걀이론을 바탕으로 저자 작성

코스톨라니 저서 《돈, 뜨겁게 사랑하고 차갑게 다루어라》를 보면 그의 달
걀이론이 나온다. 코스톨라니는 투자 시장에서 나타나는 시세의 움직임을 3
단계 국면으로 구분했고, 각 단계들이 끊임없이 반복된다고 말한다. 상승장과
하락장의 3단계 국면은 다음과 같다.

1. 조정 국면
2. 적응 국면
3. 과열 국면

하락장의 제3국면(B3)에 이어서 상승장의 제1국면(A1)은 지나치게 하락했던
시세가 다시 현실적인 가격으로 조정되는 시기다. 선제적 투자자들이 용기를

내고 매수하는 시점이지만 대다수는 잠시 상승하더라도 다시 하락할 것이라고 생각하는 구간이다. 하락에 대한 관성이기도 하고, 하락하는 동안 공포가 언론에 도배가 되면서 심리가 얼어붙는다. 하지만 시장은 조금씩 상승을 지속한다.

제2국면(A2)은 점차 낙관적인 분위기로 바뀌면서 시세가 상승하는 시기다. 이때는 대중이 시장에 본격적으로 참여하면서 대세 상승이 시작되는 구간이다. A1에서는 대중과 반대로 하는 구간이었다면 A2에서는 달리는 말에 올라타야 하는 구간이다. 상승하는 모습을 보고 참여하는 사람이 점점 늘어나면서 시세 상승 기울기가 높아지게 된다.

제3국면(A3)은 사람들의 과열된 심리가 시세를 이끌고, 상승한 시세가 다시 사람들의 심리를 과열시키는 국면이다. 이때는 과열된 경기와 자산 시장으로 인해 금리가 계속 올라감에도 사람들은 금리 이자 부담보다는 자산 시장의 상승에 도취되어 더 많은 베팅을 하게 된다. 이때야말로 뒤늦게 시장에 참여한 사람들이 많이 물리는 시점이기도 하다.

그렇게 고점을 찍고 하락장의 제1국면(B1)은 상승장의 제3국면(A3)에서 지나치게 상승한 시세가 현실적이고 합리적인 수준으로 조정되는 시기다. 시장이 살짝 조정되지만 여전히 사람들은 다시 올라갈 것을 기대한다. 상승이 지속되었던 것에 대한 관성이 존재하고 약간의 하락한 가격이 싸다고 느끼는 수요가 발생하기도 한다. 하지만 이 조정 시기를 지나 제2국면인 적응 국면(B2)으로 가게 되면 여러 좋지 않은 사건들이 사람들을 불안하게 하면서 시세가 더욱 하락한다. 이때부터는 A2와 반대로 대중들이 하락에 본격적으로 베팅하게 된다. 매물을 던지는 사람들이 점점 늘어난다. 제3국면(B3)에서는 비관적인 분위기가 하락을 더욱 가속화시키고, 하락한 시세는 더욱 더 비관적인 분위기를 만든다. 이것이 과열되어 정상적인 범위보다 더 크게 하락하는 모습을 보인다. 그 후 냉각된 분위기가 점점 사그라들면서 다시 A1 구간으로 이동한다.

이 달걀이론을 보면서 어떤 생각이 드는가? 투자자는 하락장의 과열 국면에서부터 상승장의 조정 국면 내에서 투자 자산을 사들이고, 상승 적응 국면에서 대중과 함께 흐름에 동행했다가 상승장의 과열 국면에서부터 하락장의 조정 국면 내에서 투자 자산을 매도해야 한다는 생각이 들지 않는가? 코스톨라니의 달걀이론 속에서 우리는 대중과 반대로 움직여야 한다는 사실을 알 수 있다.

이 각각의 시기는 같은 기간으로 오지도 않고 잠깐 왔다가 사라지기도 한다. 어떤 때는 굉장히 길게 나타나기도 한다. 우리나라는 사계절이 있지만 어느 해는 봄을 느낄 새도 없이 추운 겨울에서 갑자기 더운 여름으로 바뀌는 것처럼 말이다. 어느 해는 여름이 굉장히 길기도 하고, 다른 해는 여름이 금방 지나가기도 한다. 지금이 여름인지 가을인지 명확하게 구분하기 어려운 것처럼 이 사이클도 명확하게 구분하기는 쉽지 않다. 하지만 계절상 우리가 대략 여름이구나, 가을이구나를 느끼는 것처럼 대략 어느 시점을 지나고 있구나 하는 것은 느낄 수 있다.

금리는 사이클에 따른 투자 행동의 기본이 된다. 금리의 움직임에 따라서 시중의 풀린 돈의 양이 달라지고 그에 따라 자산 가격이 움직이기 때문이다. 과거 사이클을 보면 금리의 최고점과 최저점이 계속 낮아지고 있기는 하지만 큰 틀에서 보면 금리는 상승과 하락을 반복하는 형상을 띄고 있다. 금리는 현실에서 단순하게 움직이지 않지만 그렇다고 어렵게만 생각할 것도 아니다. 금리를 한마디로 표현하자만 현재와 미래의 경제 상황을 대변하는 지표라고 할 수 있다. 현재의 경제 상황을 낙관적으로 보고 있다면 기준 금리는 올라갈 것이고, 현재의 경제 상황을 부정적으로 보고 있다면 기준 금리는 내려갈 것이다.

정부가 시중에 돈을 푸는 방법은 크게 두 가지가 있는데 통화정책과 재정정책이 있다. 통화정책은 앞서 말한 금리를 낮추는 것이고, 재정정책은 정부 주도로 필요한 곳에 돈을 투입하는 것이다. 금리를 조절하는 것은 통화정책의 일부다. 현재와 미래의 경제 상황을 부정적으로 본다면 기준 금리를 낮춰 시중에 돈이 풀리도록 유도한다. 돈이 더 많이 유통되도록 해 경기에 혈색이 돌도록 하는 것이다. 불황의 시기일수록 금리를 지속적으로 낮춰 돈을 시중에 계속 푼다. 돈의 양이 많아지면 화폐 가치가 낮아지는 부작용이 있지만 경기를 살리는 것이 우선이기 때문에 이런 정책을 쓴다. 풀린 돈 덕분에 경기가 활성화되면 소비가 늘어나고 기업은 돈을 벌어들이면서 투자를 하기 시작한다. 실업률은 떨어지고 경제성장률은 상승하면서 소비자 물가를 끌어올린다. 이때 그동안 풀렸던 돈들이 빠르게 회전하면서 경기가 과열되기도 한다. 중앙은행은 경기가 과열되지 않도록 금리를 높임으로써 시중의 돈을 회수한다.

그렇다면 부동산을 매수하는 시점은 언제가 좋을까? 하락이 과열되는 시점이 매수를 시작하기 좋은 시기다. 하락장의 제3국면인 B3 국면은 금리가 지속적으로 내려가고 있는 시점이기 때문에 시중에 돈이 많이 풀린 상황이다. 그로 인해 경기 회복의 지표들이 조금씩 나오지만 경기 회복을 체감하지 못하는 시기다. 이때 사람들의 심리는 크게 위축되어 있다. 부동산을 산다고 하면 주위 사람들이 적극적으로 말리는 시기고, 언론에서도 경제 상황에 대한 부정적인 기사들이 훨씬 더 많이 보인다. 바로 이때 부동산 매수를 시작하는 것이 좋다.

부동산을 매도해야 하는 시기는 상승장의 제3국면인 A3이다. 호황기에 매도를 시작해야 한다. 이때는 지속적인 금리 인상으로 인해 시중의 돈이 다시

중앙은행으로 회수된다. 하지만 이미 많이 풀려 있던 돈들로 인해서 자산 가격이 많이 높아진 상태인데도, 장밋빛 전망들로 언론이 도배가 되고 가격이 지속적으로 오를 것이라는 사람들의 기대심리로 인해 자산 가격은 더 오르는 경향이 있다. 이때는 시세가 더 올라갈 것 같아 보여도 욕심을 내려놓고 부동산을 매도해야 한다. 사람의 심리라는 것이 막상 그 상황이 되면 조금만 더, 조금만 더 하는 생각이 강하게 작용한다. 매도하고 나서 더 오르면 억울한 게 사람의 심리기 때문이다. 심리학 연구에 따르면 버는 것보다 잃거나 버는 기회를 놓친 것이 2배 이상 심리적 타격이 있다고 한다. 그러나 적당한 시점이라고 판단된다면 매도해야 한다. 실제로 고점에서는 매도가 쉽지 않기 때문이다.

가끔 보면, 영원한 상승을 외치는 사람도 있고 영원한 하락을 외치는 사람도 있다. 마치 종교에 빠진 듯이 반대쪽 의견은 듣지 않는다. 자기 의견에 맞는 데이터만 취한다. 하지만 사이클은 항상 존재한다. 과거에도 항상 그랬다. 출렁거림은 인류가 돈이라는 것을 처음 사용한 때부터 있어왔을 것이다. 사람의 본성은 변하지 않기 때문이다. 달걀이론을 보면서 그동안 자신이 분위기에 취해 움직이지는 않았는지 돌아보자. 상승과 하락이 반복되고, 그에 따라 사람들의 심리가 변한다는 사실을 기억하자. 이것을 미리 준비하면 그 안에서 기회를 엿볼 수 있다.

사이클의 바닥에서 시작?
VS 머리에서 시작?

2013년까지 직장인으로 월급만 받고 살았던 내가 갑자기 부동산 투자를 해야겠다는 결심을 하고 삶의 방향을 튼 첫 번째 이유가 이 코스톨라니의 달걀이론 때문이었다. 하락한 뒤 쌀 때 사서 상승한 뒤 비쌀 때 파는 게 투자의 정석이지만 현실에서는 반대의 일이 벌어진다. 사람들은 하락해서 가격이 쌀 때는 더 떨어질까 봐 무서워서 못 사고 오히려 있던 물건도 팔아버린다. "이제 부동산은 끝났다"라는 말들이 심심치 않게 들리고, "우리나라 부동산은 일본과 같이 1/3토막 날 거다", "이제 하락 시작이다"라는 말들도 사람들의 마음을 후벼판다. 분명히 싸지만 싸다고 느끼는 사람이 극소수가 되는 시점이 된다. 정반대로 마구 상승할 때는 오히려 비싸지만 앞으로도 계속 상승할 것 같은 마음이 들고, 지금 아니면 못 살 것 같은 생각도 들며, 나만 돈을 못 번다는 조급함 때문에 비싸도 사게 된다. 그래서 2020년, 2021년에 주택 거래량이 가장 많았고, 가장 비싼 가격에 집을 산 사람들이 굉장히 많았다. 실제로 부동산 상담을 하다 보면 2020년과 2021년에 내 집 마련이나 투자를 시작했다는 사람들의 고민이 가장 많았다. 상승이 많이 진행된 다음에 많은 사람들이 시장에 모이는 게 현실이다.

이런 심리를 코스톨라니가 정확히 짚어주었고, 그런 본능적인 심리를 깨닫고 보니 지금 시장이 좋지 않고 부동산은 끝났다는 공포감이 강할 때 나는 반대로 시작해야겠다고 다짐했다. 어차피 이대로 직장 생활을 한다고 부자가 되기는 힘들 것 같으니, 내 삶의 방향을 달리하는 베팅을 지금 해봐야겠다고 생각한 것이다. 이때 나의 간절함과 코스톨라니가 알려준 심리 게임으로 인해 투자에 있어서 청개구리 습성이 생긴 것 같다. 바닥에서 부동산 투자를 시작했으니 아주 운이 좋았다고 생각한다. 부자가 되고 싶은 간절한 마음에 베팅을 한 것이기는 했지만 그런 생각을 가질 수 있었던 시기가 바로 바닥이었던 것은 큰 행운이다.

지금은 주식, 부동산, 심지어 채권까지 변동성이 크다. 투자하기가 쉽지 않은 상황이다. 부동산 투자자 대부분은 우울한 시기를 보내고 있을 것이다. 가을을 느끼기도 전에 겨울, 그것도 혹한기를 맞았기 때문이다. 겨울옷을 사거나 꺼낼 시간조차 허락되지 않았다. 불과 1년 사이에 상황이 이렇게 바뀌었으니 말이다.

시간을 4년 전으로 되돌려보자. 코로나19가 전 세계로 확산되던 2020년 초, 세상은 종말이 온 듯한 분위기였고 주식 시장은 급락했다. 전 세계 경제가 패닉에 빠진 듯했다. 그러나 이 시기는 잠깐이었다. 미국을 선두로 거의 모든 나라들이 돈을 풀면서 주식 시장은 반등을 넘어 두텁게 형성되어 있는 천장을 뚫어버렸다. 너도나도 주식 이야기를 했고, 주식 투자를 하지 않으면 마치 바보가 된 듯한 분위기였다. 암호화폐 시장도 마찬가지였다. 비트코인은 2020년 3월에 600만 원 조금 넘었으나 2021년 3월에는 7,000만 원 가까이 올랐다. 30~40배 상승하는 코인도 여러 개 등장해 투자 시장에서 상대적으로 소외되었던 젊은 층들도 코인 시장에 참여했다. 투자 열풍의 시기였다. 코로나19 확산 초기에 나왔던 '경기 침체'는 거의 언급되지 않았다. 코로나19가 확산되기 전의 우리나라 부동산 시장을 기억하는가? 2015년 이전까지만 해도 집은 소유하고 있지만 가난한 사람들을 일컫는 '하우스 푸어'라는 단어가 뉴스에 자주 등장했다. '집을 사라고 하는 친구는 친구도 아니다'라는 말이 유행할 정도로 부동산 시장이 좋지 않았다. 특히, 수도권 부동산 시장은 찬바람이 거세게 불었다. 집을 사려는 사람이 없으니 전세가만 계속 올랐다. 그러다가 2015년부터 수도권 아파트의 가격이 조금씩 오르기 시작했다. 일부 지역은 큰 상승 폭을 보여주기도 했으나 대세 상승이라고 부르기는 어려웠다.

2017년 이후 수도권 부동산 시장은 상당히 많이 올랐다. 다양한 부동산 대책이 나왔지만 효과가 미미했다. 강력한 규제가 나오면 잠깐 숨 고르기를 하고 또 상승하기를 반복했다. 특히 2019년 이후에는 마치 가상화폐의 급등을 보는 듯한 상승을 보이기도 했다. '하우스 푸어'라는 단어는 모두의 머릿속에서 삭제된 듯했다.

전국 , 서울, 부산의 주택 매매지수 변화

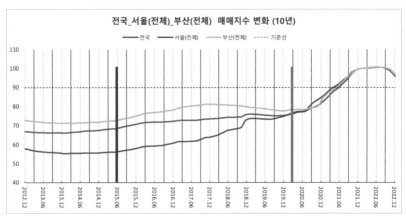

출처 : KB부동산

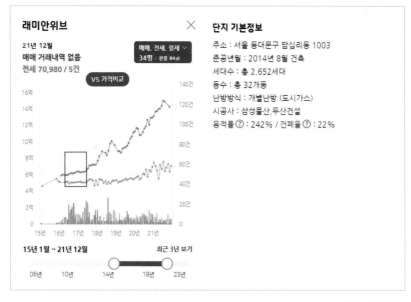

출처 : 아실 사이트

지금은 부동산의 하락 전망이 우세하다. 시장 분위기가 좋지 않다 보니 지난 급등기의 기억은 많이 지워졌다. 그러나 불과 2~3년 전의 일이니 기억을 되살려보자. 그 시기에 투자를 하지 않은 사람들은 상대적 박탈감이 상당했을 것이다. MBC 인기 예능 프로그램인 〈나 혼자 산다〉에 출연했던 김광규씨와 이시언씨가 대비되는 상황이었다. 이시언씨는 청약 당첨이 되어 내 집 마련을 했고, 부동산 상승기 때 자연스럽게 자산이 상승했다. 반면 김광규씨는 전세로 살았기에 부동산 상승기를 누리지 못했다. 상대적 박탈감을 느꼈을 것이다. 김광규씨는 이 프로그램에서 이시언씨가 부럽다고 자주 이야기했다. 그 빈도가 너무 잦았던 것일까? 시청자들은 반복되는 김광규씨의 자조 섞인 푸념이 지루하다는 반응을 보였다. 유주택자인 이시언씨를 부러워하는 것은 김광규씨의 본심이었을 것이다. 연예계 인지도 면에서는 자신이 더 나은데, 주택 유무에 따라 자산의 규모가 뒤바뀌어버렸으니 한편으로 억울했을 것이다. 김광규씨는 이듬 해 연말 연예대상에서 드디어 집을 샀다면서 자랑했다. 부동산 상승기 때 내 집이 없었다는 것에 한이 맺혔나 보다. 수상 소감에서 집을 샀다고 자랑했으니 말이다. 당시 집을 보유하고 있지 않은 사람들은 비슷한 심정이었을 것이다. 상대적 박탈감에 '벼락거지'가 되었다고 정부를 향해 비판의 목소리를 높이기도 했다. 비싸진 집값 때문에 집을 살 수 있는 기회가 영원히 사라졌다고 생각했을 것이다. 마치 인생의 패배자가 된 듯한 기분을 느낀 분들도 많았을 것이다. 한편 지금은 그때 집을 매수하지 않은 것에 안도하고 있을지도 모르겠다. 또 누군가는 뒤늦게 투자 시장에 뛰어들어 잠깐의 성공 경험 뒤 최근에는 큰 한숨을 쉬고 있을 수도 있다.

이런 사람들과 달리 여전히 웃고 있는 사람들이 있다. 어떻게 지금 같은 얼어붙은 투자 시장에서도 웃을 수 있을까? 투자 공부를 꾸준히 한 사람들은 지금의 하락장이 반갑다. 매수할 기회가 왔다고 생각하기 때문이다. 앞서 언급한 것처럼 2015년에는 집을 사는 것은 망하는 지름길이라는 분위기가 널리 퍼져 있었다. 그럼에도 불구하고 미리 투자 공부를 한 사람들은 오히려 매수했다. 싸게 살 수 있는 기회라고 판단했기 때문이다. 그 결과는 말하지 않아도 알 것이다. 지금처럼 차가운 시장에서 웃고 있는 사람과 울고 있는 사람, 그들의 차이는 미리 투자 공부를 했는가 그렇지 않은가에 달려 있다. 미래가 불안한 지금 같은 상황에서 투자를 하려면 자기 확신이 있어야 한다. 자기 확신의 크기는 투자 공부를 얼마만큼 철저히 했는가에 따라 달라진다.

유명 유튜브 채널인 〈삼프로TV〉에 나와 인기를 얻은 정채진이라는 사람이 있다. 재야 주식 고수다. 이 분은 코로나 초창기에 매우 바빴다고 한다. 세상은 종말이 올 것 같은 분위기에 빠져 있는데, 이 분은 투자하기 바빴던 것이다. 평소에는 여유를 가지고 주식 투자를 하지만 이때는 사무실에서 투자할 종목을 선정하느라 매우 바삐 움직였다고 한다. 미리 공부를 해놓았기에 매수할 종목 리스트는 이미 있었지만 그중에서 또 한 번 선별해서 가장 좋은 종목들을 추렸다. 시장이 급락해 남들은 공포에 떨고 있을 때 오히려 흐뭇한 미소를 지으며 기회를 잡았던 것이다. 고수와 하수를 구분하는 기준이 바로 이것이다. 상승장에서는 하수들도 돈을 벌 가능성이 높다. 하수들이 조금 벌었다고 어깨에 힘주며 고수인 양 행세하기도 한다. 워런 버핏은 수영장에 물이 빠지면 누가 발가벗고 수영했는지 알 수 있다고 했다. 하락장에서는 고수들도 손실을 입을 가능성이 높다. 하지만 그들은 하락장에 더 큰 베팅을 한다. 세일 기간이라고 여기기 때문이다. 전 세계에서 4,000만 부 이상 팔리며 투자의 바이블로 불리는 책,《부자아빠 가난한아빠》에는 이런 내용이 나온다.

슈퍼마켓이 세일을 할 때, 예를 들어 화장실 휴지를 싸게 팔면 소비자들은 우르르 몰려와 사재기를 한다. 그러나 부동산이나 주식 시장이 세일을 하면 소비자들은 도망쳐버린다.

휴지는 가격을 미리 알고 있었기에 세일을 하면 싸다는 것을 인지할 수 있지만, 주식이나 부동산은 가격을 모르기 때문에 세일을 해도 두려움이 앞서는 것이다. 세일 기간에 싸게 매수하기 위해서는 미리 준비해야 한다는 말이다.

다시 한번 떠올려보자. 불과 3~4년 전 부동산 시장에서 느꼈던 좌절감과 상실감, 이때의 감정을 결코 잊어서는 안 된다. 이런 경험을 긍정 에너지로 전환시켜야 한다. 그렇지 않으면 계속 좌절감만 느끼게 될 것이다. 투자 시장에는 사이클이 있다는 것을 이제는 모두 알 것이다. 지금 같은 침체기, 불황기에는 아무런 감정이 없거나, 투자하지 않은 게 다행이라 생각할 것이다. 혹은 '거 봐라' 하며 투자자들을 욕하고 있을지도 모르겠다. 이 시기가 지난 상승장에는 어떤 기분이 들까? 분명 후회, 좌절, 다양한 나쁜 감정을 느낄 것이다.

또 그 시기가 지나 하락장이 오면 안도감에 빠질 것이다. 이런 감정이 반복되는 동안 당신의 자산은 변화가 없다. 이미 많은 자산을 쌓아놓았다면 투자하지 않고 잘 지키는 것도 좋은 방법이지만, 그렇지 않다면 리스크를 안고서라도 투자해야 한다. 그렇지 않고서는 금전적으로 여유 있는 삶은 결코 주어지지 않을 것이다. 위험을 감수하더라도 여유 있게 살 수 있는 기회를 가져볼 것인가? 아니면 평생 절약은 하지만 여유로운 노후는 보장되지 않는 삶을 살 것인가? 당신의 결정에 달려 있다.

이 책을 읽고 있는 이유는 여유 있는 삶을 살고 싶다는 의지 덕분일 것이다. 그렇다면 지금 같은 하락장에서는 반드시 공부해야 한다. 겨울이 지나면 봄이 오기 마련이다. 남들이 움츠려 있을 때 미리 준비하자. 좋은 땅을 고르는 눈을 갖추고 씨앗을 효율적으로 뿌릴 수 있는 도구를 만들어놓자. 봄에 씨앗을 뿌려야 여름과 가을에 수확할 수 있다. 많은 사람들이 돈을 벌었다는 소문이 들리면 이미 늦은 시점이다. 적어도 늦은 여름이다. 이때는 바삐 움직여도 수확할 게 별로 없다. 남들이 다 가져갔는데 무엇이 남아 있겠는가? 미리 준비해서 여유롭게 투자하자.

다시 한번 강조해본다. 얼마 전까지 이어졌던 상승장에서 느꼈던 좌절감을 또 느끼고 싶은가? 변화를 주지 않으면 반복된 삶을 살 수밖에 없다. 우리는 지금 하락장에 서 있고 가격이 싸지고 있는 시기에 있다. 인간의 본능적인 심리에 당하지 않기 위해 마인드 세팅을 제대로 하고 지금부터 차근차근 준비한다면 우리 모두 바닥에서 시작할 기회를 잡을 수 있다. 바닥에서 제대로 시작해서 기회를 잡을 것인가? 아니면 또다시 상승이 과열된 다음 조급한 마음으로 시작해서 물릴 것인가? 모든 것이 당신의 선택에 달려 있다.

4

부동산 투자는
직장인에게 최고의 재테크

땅은 안전하다

이 챕터의 제목이 '땅은 안전하다'이지만 엄밀히 따지면 어떤 자산도 안전한 자산은 없다. 투자할 수 있는 자산이라면 더더욱 100% 안전한 것은 없다. 그나마 땅에 투자하는 것은 상대적으로 매우 안전한 편이다. 안전성을 놓고 점수를 매기자면 10점 만점에 8점 이상은 될 것이다. 땅은 없어지지 않고, 또 새로 생기기도 어렵기 때문이다.

먼저, 우리나라의 국토 면적이 어떻게 변화했는지 살펴보자. 1976년에 우리나라 국토 면적은 98,799㎢였다. 2023년에는 100,444㎢로 증가했다. 간척 사업과 미포함 국토를 포함시킨 덕분이다. 늘어난 국토 면적은 우리나라 전체 크기에 비하면 미미하다. 50년 남짓한 기간 동안 전체의 1.66%가 늘었다. 땅은 한정된 자원이라고 해도 무방하다. 시간이 지나도 변함이 없다. 그러므로 땅은 자체적으로 가치가 있다. 부동산 시장의 변동에 무관하게 그 가치는 유지된다. 다만, 시장 환경에 따라 가격이 달라질 뿐이다.

부동산(不動産)은 글자 그대로 건물, 토지, 아파트 등 움직일 수 없는 자산을 말한다. 이 중에서도 토지는 부동산 투자의 핵심이다. 토지가 부동산의 가치와 수익성을 결정하는 큰 요인 중 하나이기 때문이다. 근본적으로 부동산 투자는 땅에 투자하는 것이다. 아파트를 매수하는 행위는 그 아파트가 갖고 있

연도별 우리나라 국토 면적

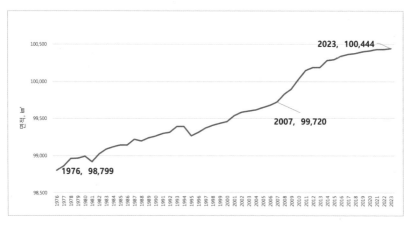

출처 : 국토교통부, 통계청

는 땅을 함께 사는 것이다. 서울에 있는 40년 넘은 낡은 아파트가 지방에 있는 신축 아파트보다 비싼 이유는 땅의 가치가 다르기 때문이다. 아파트의 외관을 이루는 콘크리트는 사라지겠지만 아파트가 갖고 있는 땅은 없어지지 않는다. 과거부터 금과 은을 귀하게 여기는 이유는 특유의 반짝임으로 인한 아름다움도 있겠지만 시간이 지나도 사라지지 않는다는 특징도 큰 몫을 차지한다. 현재도 금은 안전 자산으로 통하고 있다. 땅도 사라지지 않는다는 측면에서 보면 금과 같은 특징을 갖고 있다. 부동산이 인플레이션을 이겨낼 수 있는 자산으로 평가되는 이유다.

그렇다면 실제 시장에서도 그렇게 작동했는지 살펴보자. 한국은행과 통계청이 발표한 국민 대차대조표에 따르면 2010년 우리나라 토지 자산은 5,514조 원이었다. 주거용, 비주거용 건물의 부속토지, 농경지, 임야 등의 전국 국토를 대상으로 실거래 가격과 감정평가 가격으로 평가된 시세가 이 정도 가치라는 것이다. 2021년까지 단 한 번의 하락 없이 계속 증가했고, 최초로 1경 원이 넘어 1경 608조 원이 되었다. 2022년에는 전년 대비 1.1% 하락했다. 그간 상승한 기울기에 비하면 감소폭은 미미하다. 2010년부터 2022년까지 12년간 우리나라 토지 자산의 가치는 94% 늘었다. 활용 가치가 낮은 임야까지 모두 포함한 평균이 이 정도 증가했으니 활용도가 높은 상업용과 주거용은 더 크게 상승했다고 볼 수 있다.

우리나라 토지 자산 추이

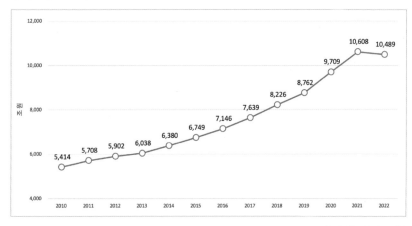

출처 : 한국은행, 통계청

같은 기간 우리나라 소비자 물가 상승률은 어떻게 변했을까? 통계청 자료에 따르면 2020년을 100으로 했을 때 소비자 물가지수가 2010년에 86.4에서 2022년에 107.7로 증가했다. 12년간 25% 상승했는데, 이것은 1,000원 하던 라면이 1,250원이 되었다는 말이다. 라면을 기준으로 하면 가격이 오른 것이지만 돈을 기준으로 보면 돈의 가치가 내린 것이다. 과거에는 1,000원을 주면 라면 하나를 얻을 수 있었는데, 이제는 같은 돈을 줘도 3/4으로 줄어든 라면을 받을 수 있다. 화폐의 가치가 내렸다 뜻이다. 우리가 현금 5만 원을 지갑에 넣어두고 있었다면 12년이 지난 후에는 그 가치가 25% 하락해 37,500원 가치밖에 안 된다는 의미다. 그래서 인플레이션은 현금 가치를 녹인다고 표현하기도 한다.

우리나라 소비자 물가 상승률

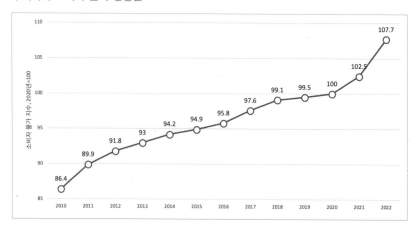

출처 : 통계청

앞서 살펴본 것처럼 땅의 가치는 같은 기간 동안 94% 올랐다. 소비자 물가가 25% 오른 데 비해 더 크게 상승했다. 2010년에 땅 하나를 주고 라면 4개를 받을 수 있다고 가정한다면 2022년에는 땅 하나를 주면 라면 4개와 더불어 라면 2개를 더 얻을 수 있다는 의미다. 현금을 지갑에 넣고 있었던 사람은 라면 3개밖에 살 수 없는데, 그 돈으로 땅을 산 사람은 라면 6개를 추가로 살 수 있으니 자산이 2배 이상 벌어졌다. 화폐는 계속 발행할 수 있는 자산이고, 땅은 늘어나지 않는 자산이기 때문에 시간이 지남에 따라 가치 차이가 발생한 결과다.

인플레이션을
헷지할 수 있다

경제학에서 가장 중요한 개념 중 하나가 '수요와 공급의 법칙'이다. 이 법칙은 시장에서 상품의 가격이 결정되는 데 있어 수요와 공급의 상호작용을 기초로 한다는 개념이다. 이 수요-공급 법칙에 따르면 다른 모든 조건이 일정하다면 수요가 증가했을 때 가격이 오르고, 반대로 상품의 공급이 증가하면 가격이 내린다.

경제학에서 또 하나의 중요한 개념이 있다. '보이지 않는 손'에 의해 시장이 자연스럽게 균형 상태에 도달한다는 개념이다. 현대 경제학의 아버지라 불리는 애덤 스미스(Adam Smith)가 그의 저서인 《국부론》에서 주장한 이론이다. 특정 상품의 수요가 늘면 가격이 올라가지만 비싸진 상품에 매력을 느껴 공급자도 많아진다는 원리다. 코로나19가 막 확산되던 시기에 우리는 마스크 대란을 겪었다. 1,000원도 하지 않던 마스크가 중고나라에서 5,000원 넘는 가격에 팔리기도 했다. 수요가 급증해 가격이 폭등한 것이다. 정부가 마스크 가격을 통제할 정도로 상황은 심각했다. 지금은 어떻게 되었는가? 마스크 업체들이 도산한다는 뉴스 기사가 나올 정도다. 최근 위드 코로나 정책으로 인해 마스크 수요가 줄어든 영향도 있겠지만, 급등한 가격에 이익을 얻고자 뛰어든 공급자들이 많아진 영향이 훨씬 크다. 통계청 자료에 따르면 2019년에는 마스크를 포함한 의약외품 생산업체가 384개였으나 2021년에는 1,324개 업체로 늘어났다. 2년 만에 무려 3.4배 급증했다. 이렇듯 특정 상품의 가격이 올라가면 공급도 증가하기 때문에 시장에서 적정한 가격을 형성하게 된다.

의약외품 생산업체 증가 추이

연도	생산업체수
2012	296
2013	393
2014	381
2015	376
2016	378
2017	350
2018	335
2019	384
2020	1,239
2021	1,324

출처 : 한국은행, 통계청

하지만 땅은 가격이 올라도 공급이 불가능하다. 이 때문에 장기적으로 보면 땅의 가격은 물가 상승률만큼은 상승한다. 만약 정부가 돈을 많이 찍어서 물가가 많이 올랐다고 가정해보자. 건축자재, 인건비, 다른 비용 모두 상승할 것이다. 아파트를 짓는 원가가 올랐기 때문에 비싸게 공급할 수밖에 없다. 그런데, 비싸면 수요가 줄어들어야 하는데 그럴 수가 없다. 집은 필수재이기 때문이다. 단기적으로는 비싸진 집값으로 인해 수요가 줄어들 수 있다. 그러나 이 수요는 잠시 시간을 미루어놓은 것이지 사라진 게 아니다. 장기적으로 보면 총수요는 동일하다. 노숙을 하지 않는 이상 집이 필요하기 때문이다. 인플레이션으로 인해 돈의 가치는 떨어져도 부동산의 가치는 떨어지지 않는 이유다.

시간 효율과
안정적인 현금 흐름

직장인이 투자를 해서 돈을 조금 벌면 전업 투자자로 전향할까? 이런 마음이 든다. 나도 그랬다. 직장에서 하루 최소 8시간은 일해야 하는데 이 시간에 투자를 하면 더 많은 돈을 벌 수 있을 것 같다는 생각이 들었다. 결과적으로는 나는 아직 회사에 다니고 있다. 그리고 당분간은 회사를 더 다닐 예정이다. 부동산 투자를 하는 데 있어서 직장인이 전업 투자자보다 더 유리하다고 판단했기 때문이다.

이렇게 결정한 첫 번째 이유는 부동산 투자를 하는 데 있어 하루 꼬박 8시간을 매일같이 사용할 필요는 없다고 판단했기 때문이다. 부동산 가격은 매일 트레킹해야 할 만큼 시시각각으로 움직이지 않는다. 좋은 투자 물건을 찾기 위해 많은 노력을 해야 하는 것은 맞지만 매일 8시간 이상의 노동력이 요구되는 일이 아니기 때문이다. 그렇다고 부동산 공부를 게을리하라는 말은 아니다. 일정 수준 이상의 지식과 경험을 쌓기 위해서는 많은 노력을 해야 한다. 부동산 투자에 어느 정도 감이 잡히면 그 이후부터는 좋은 물건을 찾는 행위가 반복되는데, 이 부분에서 매일 8시간씩 공들일 필요는 없다는 말이다. 오해하지 않았으면 좋겠다.

두 번째 이유는 안정적인 급여다. 월급은 리스크가 전혀 없는 수익원이라고 봐도 무방하다. 정해진 시간에 출퇴근만 하면 월급은 나온다. 일을 좀 못 할 수도 있지만 그렇다고 월급이 안 나오지는 않는다. 심지어 몸이 아파서 휴가로 며칠 쉬어도 월급은 나온다. 그리고 투자금이 0원이다. 잃을 원금도 없다. 반면, 투자 수익은 리스크를 감내해야 얻을 수 있는 수익이다. 전업 투자자가 되면 모든 수익이 리스크가 있는 상태에 놓이게 된다. 투자를 통해 수익을 얻어 여유로운 삶을 살고자 했는데 그 삶의 목적에 반대되는 상황으로 스스로 들어가는 꼴이다.

투자나 사업을 하는 데 있어 가장 중요한 것은 현금 흐름이다. '흑자도산(黑字倒産)'이라는 단어를 들어봤을 것이다. 내년에 10억 원의 수익이 들어올 예정이라도 오늘 당장 100만 원의 이자를 낼 돈이 없으면 회사는 망할 수 있다. 부동산 자산은 현금화가 어렵다는 단점이 있다. 초급매로 매도하지 않는 이상 바로 거래되지 않는다. 투자를 하고 수익을 내는 데까지 시간이 오래 걸리고, 그 기간 동안 버텨낼 여력이 있어야 한다. 안정적인 수입원이 있어야 버텨낼 수 있다. 그리고 부동산 사이클은 긴 호흡으로 움직인다. 한번 상승하면 몇 년간 상승 에너지가 지속되어 이런 따뜻한 시기가 영원할 것 같은 착각에 빠지곤 한다. 반대로 시장이 꺾이면 하락기도 길어지기 마련이다. 이 시기에 안정적인 현금 흐름이 없다면 똘똘한 물건을 매도해야 하는 상황에 놓일 수밖에 없다. 하락장에서 못난이 물건은 매도 자체가 안된다. 하락장 때 생활비 충당을 위해 좋은 물건을 팔고 나면 상승장 때는 닭 쫓던 개 지붕 쳐다보는 꼴이 된다. 주변에 이런 분들이 생각보다 많다. 상승장 후반부에 투자를 했다가 하락기를 버텨내지 못하고 어쩔 수 없이 매도한 후, '역시 나는 부동산 투자와 안 맞아'라고 생각하고 시장을 떠나버린다. 상승장 후반부에 들어온 것도 문제지만 버텨낼 현금 흐름을 계산하지 않은 게 더 큰 실수다. 월급이라는 고정적인 수입에서 생활비를 포함한 고정 지출을 뺀 자금은 대출 이자로 쓰일 수 있다. 월급을 400만 원 받고 생활비로 200만 원을 쓴다면 200만 원이 남는다. 대출 금리를 4%라고 가정하면 6억 원의 대출은 감당할 수 있게 된다. 리스크를 줄이기 위해서 고정 금리로 대출을 받아도 된다. '고정'적인 수입, '고정'적인 지출, '고정'적인 대출 이자, 고정이라는 단어는 변화가 없다는 것이다. 투자할 때 가장 신경 써야 하는 부분이 변동성인데 직장인 투자자는 변동성에서 상당 부분 자유로워질 수 있다는 장점이 있다.

대출은 직장인 투자자의
무기다

은행은 남의 돈으로 돈을 번다. 남의 돈인 고객의 예금으로 대출을 해주고 대출 이자를 받아 수익을 남긴다. 흔히 '예대 마진'이라고 부르는 예금 이자와 대출 이자와의 차이, 그것이 은행의 주 수입원이다. 그런데 은행만 남의 돈으로 돈을 버는 것은 아니다. 한국CXO연구소 분석에 따르면 2021년 국내 1,000대 상장 기업의 부채 비율은 160%다. 1997년 외환위기 당시 국내 기업의 부채 비율이 589%에 달했다가 지속적으로 낮아졌지만 대부분의 기업들이 부채를 활용해서 돈을 벌고 있다. 우리나라 증시 시가총액 2위(2024년 2월 기준)에 해당하는 SK하이닉스는 2021년 3분기 기준 자본금이 약 69조 원, 부채 41조 원으로 부채 비율이 약 60%에 달한다. 이 큰 기업도 부채, 즉 남의 돈을 활용해 돈을 벌고 있다. 투자자라면 사업체를 운영하는 사장이 되어야 한다. 상장 회사의 사장처럼 대출도 활용할 수 있어야 한다. 앞서 부자가 되는 3단계를 언급했다.

1단계 : 돈을 번다.
2단계 : 돈을 모은다.
3단계 : 돈을 불린다.

부자 부모님이 돈을 물려준다면 1, 2단계를 건너뛰고 3단계로 바로 들어갈 수 있다고 했다. 부자 부모님이 없어도 3단계로 바로 진입할 수 있는 방법이 있다. 유일한 방법이기도 한데, 그것이 바로 대출을 활용하는 것이다.

직장인의 소득은 매우 투명하다. 흔히 '유리 봉투', '투명 봉투'라고 불린다. 대부분의 직장이 월급에서 세금과 건강보험료 등 정부에 내야 할 비용을 공제한 세후 월급을 입금해준다. 많은 직장인이 세금 공제 후 들어오는 월급을 당연시 여긴다. 세금을 얼마나 내고 있는지 확인하지 않는 직장인이 상당수일 것이다. 직장인의 손에 월급이 들어오기도 전에 회사에서 알아서 세금을 떼어 가니 세금을 줄일 수 있는 방법도 없다. 연말정산 때 세액공제를 많이 받는 것이 전부다. 세금을 내는 입장에서는 너무 투명한 소득이 원망스러울 수 있다. 하지만 이는 대출을 받을 때 큰 장점이 된다.

또한 소득이 들쭉날쭉한 자영업자와 달리 직장인의 소득은 고정적이다. 이 또한 대출을 받을 때 큰 도움이 된다. 한 달은 200만 원, 다른 달은 800만 원을 버는 자영업자가 있다고 가정해보자. 월 평균 수입은 500만 원이다. 은행 입장에서 리스크를 줄이려면 어떤 달의 소득을 기준으로 대출을 해줘야 할까? 당연히 월 200만 원의 소득을 기준으로 대출을 해줘야 한다. 월 500만 원의 소득을 기준으로 대출해주면 200만 원의 수익이 나는 달에는 이자를 낼 수 없기 때문이다. 월 평균 500만 원의 월급을 받는 직장인은 어떨까? 당연히 월 500만 원의 수입을 기준으로 대출을 받을 수 있다. 직장인은 원천징수영수증 혹은 건강보험료 납입증명서만 제출하면 대출받을 수 있다. 담보로 맡길 재산이 없어도 직장인이라는 신용으로 대출을 받을 수 있다. 소득에 티끌만큼의 거짓도 없기 때문이다. 은행 입장에서 직장인은 최우수 고객이다.

직장인의 이런 장점을 활용하면 '돈을 불리는 단계'로 바로 들어갈 수 있다. 과도한 부채는 매우 위험하고, 삶의 질을 떨어뜨릴 수 있다는 뻔한 이야기는 하지 않겠다. 감당할 수 있는 대출을 내는 것은 기본 중 기본이기 때문이다. 매달 일정하게 들어오는 월급 덕분에 감당할 수 있는 대출을 계산하기는 수월하다. 들쭉날쭉한 소득은 돈을 빌려주는 은행 입장에서도 위험도가 높지만 대출 받는 입장에서도 불안함이 클 것이다. 소득이 적은 달을 기준으로 대출을 낼 수밖에 없다. 경기가 안 좋아지면 보수적으로 계산한 대출마저도 큰 부담이 될 수 있다. 하지만 직장인은 이런 걱정에서 자유롭다. 월급이 300만 원인 사람이 대출 이자 100만 원을 낸다면 200만 원으로 생활하면 된다. 금리가 급변하지 않는다면 미래에 대한 불확실성 없이 대출 이자를 낼 수 있다. 그래도 금리 변화가 걱정이라면 고정 금리라는 방법을 택하면 된다.

아무리 직장인이 대출받기 유리하다고 해도 대출이라는 것 자체가 부담일 수 있다. 은행도 대기업도 남의 돈으로 돈을 버는데 나도 해볼까? 이런 생각을 갖고 있더라도 막상 대출을 실행하려면 이자가 부담되는 것이 사실이다. 이 부담을 이겨내려면 작은 투자 성공 경험이 있거나 투자 방법을 확실히 익혀야 한다. 대출 금리가 연 20%라도 연 25%의 수익을 낼 수 있는 사업 아이템이 있다면 영혼까지 끌어와서 대출을 받아야 한다. 대출 이자를 제외하고도 연 5%의 수익이 생기니 말이다. 수익이 날지 안 날지 확신이 없을 때는 대출 이자는 부담만 가중시킬 뿐이다. 먼저 투자 공부를 확실히 하고, 그것에 자신감이 생기면 대출이라는 지렛대를 이용해 자산을 불리는 속도를 높이자. 모은 돈으로만 투자하면 돈이 늘어나는 속도는 더딜 수밖에 없다.

세력이 없다

부동산 시장은 개인 간 거래가 압도적으로 많다. 전체 부동산 거래의 90%가 넘는다. 주식 시장처럼 특정 세력이 있거나 증권회사 같은 전문가 집단으로 구성된 큰 회사가 없다. 개인이 주도하는 시장이 바로 부동산 시장이다. 그래서 개인이 투자하기 매우 좋은 시장이다. 뿐만 아니라 부동산 시장에서는 정보 비대칭성이 거의 없다. 땅 거래에서는 정보를 먼저 입수한 일부 투자자들이 선진입하는 사례가 더러 있으나 주택 시장, 특히 아파트 거래는 모든 것이 오픈되어 있다고 해도 과언이 아니다. 특히 실거래가 등록제가 시행된 이후에 매매가격, 거래일자, 거래 내역까지 거의 모든 정보가 공개되어 있다. 등기부등본을 떼어보면 법인이 매수했는지, 개인이 매수했는지, 개인이 거래했다면 몇년 생이 매수했는지도 알 수 있다. 주식 시장에서는 특정 회사 주식을 5% 이상 갖고 있는 대주주를 제외하고는 누가 사고파는지 알 수 있는 방법이 없다. 거래 주체가 개인, 기관, 외국인으로 구분되나 개인이 증권 회사나 투자 회사에 맡겨서 거래하면 기관이 사는 것처럼 보이는 착시가 있을 뿐더러 개인 중 큰손이 사는 건지, 진짜 개미들이 사는 건지조차 알 수 없다. 하지만 모든 아파트 거래는 거래 주체를 명확하게 알 수 있다. 또한 공인중개소 소장님을 통하면 매도하는 사람이 어떤 이유로 매도하는지, 매수자는 어떤 사유로 사는지 알 수 있기도 하다.

부동산 시장의 정보 투명성은 거래에만 국한되지 않는다. 대부분의 호재 또한 모든 국민들에게 공개된다. 새로운 노선의 지하철이 생긴다면 실제 공사하기 몇 년 전부터 그 정보가 공개된다. 가장 믿을 수 있는 정부가 공식적으로 이 정보를 공개하고, 뒤이어 대형 언론사들도 정보를 해석하기 쉽게 기사로 써서 배포해준다. 모든 국민이 부동산 정보에 있어서는 공정하다고 볼 수 있다. 물론 정부 관계자는 특정 정보를 먼저 획득할 수도 있다. 하지만 부동산 매매 거래는 장기적인 성격을 띠고 있어서 몇 달 먼저 매수했더라도 호재가 발표된 뒤 바로 팔 수 없다. 부동산 시장에서는 단기 차익에 대해 큰 세금을 부과하기 때문이다. 장기 투자를 하면 이런 호재보다 시장 상황에 더 많은 영향을 받기 때문에 몰래 입수한 정보만 믿고 투자할 수 없는 것이 바로 부동산 시장이다. 반면, 주식 시장은 내부 정보를 활용해 매수했다가 호재가 발표된 후 바로 매도해 차익을 남길 수 있다. 내부 정보를 이용한 거래는 엄연히 불법이지만 이런 행위가 없다고 볼 수 없다. 최근에도 큰 회사의 직원이 내부 정보를 이용해 주식 거래를 하다가 경찰 조사를 받고 있다는 기사가 났다.

다른 시각으로 보면 부동산 시장만큼 정보의 비대칭성이 심한 시장도 없다. 예를 들어보자. 35층 아파트가 있다. 새로 지어져서 외관이 매우 아름답고, 조경도 너무 훌륭하다. 하지만 엘리베이터 공사가 문제가 있는지 한 달에 한 번 꼴로 고장이 난다. 고층에 사는 사람들은 매일 아침 출근길이 불안하다. 엘리베이터가 고장 나는 날에는 지하주차장까지 내려가는 데 체력을 다 써버려서 하루가 피곤하다. 그런데, 이런 정보는 그 아파트에 살고 있어야만 얻을 수 있는 정보다. 입소문을 타고 퍼져나간다고 해도 전달되는 범위가 한정적이다. 이런 점으로 보면 정보의 비대칭성이 존재한다. 극소수만이 알고 있는 정보가 있기 때문이다. 하지만 이런 정보가 투자에 활용되는 경우는 거의 없다. 그리고 해당 아파트 주변에 있는 공인중개소 소장님장들은 이런 정보를 알고 있을 가능성이 높다. 단시간에는 정보 비대칭이 있겠지만 결국 매수자에게 정보가 전달될 것이다. 이 사실을 숨기고 중개할 소장님들은 많지 않다. 매수자는 곧 다음 고객이 되기 때문이다. 매수자가 평생 그 집을 소유하고 있지 않는다면 한 번은 매도자로 고객이 되고, 임대를 준다면 임대인으로 고객이 된다. 이런 특성 때문에 공인중개소를 통해 사소한 정보까지도 대부분 전달된다고 봐야 한다. 사실상 부동산 시장에서 정보 비대칭성이 존재하기란 쉽지 않다.

부동산 시장은 정보가 모두 공개되어 있고, 주식 시장처럼 시장을 좌지우지하는 특정 세력이 없기 때문에 개인이 노력만 하면 전문가가 될 수 있고, 누구나 성공 투자를 할 수 있다. 우리 같은 개인들에게는 딱 맞는 투자 시장이 아닐 수 없다. 부동산 시장이야말로 공정하게 경쟁할 수 있는 투자 시장이다.

부동산 투자는
나쁜 것이 아니다

우리나라에서는 부동산 투자에 대한 시선이 좋지 않다. 과거보다 많이 나아지기는 했으나 여전히 안 좋은 시각을 가진 사람들이 많다. 우리나라는 1980년대 고도성장기를 거치며 도시로 사람들이 급격하게 이동했다. 더 나은 일자리, 더 많은 일자리를 찾기 위한 이동이었다. 도시로 몰려드는 사람들을 수용할 수 있는 주택은 턱없이 부족했고, 이로 인해 주택 가격이 급상승했다. 고향을 떠나 일자리를 찾아 도시로 이동한 사람들은 비싼 집값 때문에 자가 주택에 거주하기가 매우 힘들었고, 다수가 임차인으로 거주했다. 콧대 높은 집 주인들이 세입자들에게 횡포를 부리는 경우도 많았다. 얼마나 많은 집 주인들이 임차인을 괴롭혔는지 통계로 확인할 수 있는 방법은 없다. 하지만 드라마에서 이런 장면이 자주 나오고, 이런 장면에 공감하는 분들이 많았던 걸로 미루어 보아 사회적 분위기가 그랬으리라고 유추할 수 있다.

또한 부동산 상승기 때는 부동산 투자자가 집값을 올려놓아서 서민들은 집도 못 사게 한다는 원망 섞인 이야기가 자주 나왔고, 이런 여론을 지지하는 듯한 기사들도 많았다. 부동산 시장이 과열되면 주택 가격 급등으로 청년층의 주거 불안 문제가 심각해지는데, 이 문제도 부동산 투자자들이 만든 것이라는 비난도 있다. 과연 부동산 투자는 나쁜 것인가? 모든 국민들이 자가에 거주하는 것이 유토피아인가? 그럴 수는 없다.

예를 들어보자. 서울에서 자가로 살고 있는 맞벌이 부부가 있다. 남편이 지방으로 발령을 받았다. 2년 정도만 근무하고 다시 서울로 복귀할 예정이다. 지방 근무지에서 거주할 집을 마련해야 한다. 집을 사거나 아니면 임대로 거주해야 한다. 집을 사게 되면 2주택자가 되어 주변의 곱지 않은 시선을 감당해야 한다. 그 시선이 부담되어 임대로 거주하려고 한다. 임대로 들어갈 집은 누구의 소유인가? 누군가는 임대할 집을 소유해야 한다. 최소 1명의 2주택자가 있어야 임대 주택 1채가 존재한다. 모순적인 상황이지 않은가? 과연 부동산 투자가 나쁘다고만 할 것인가?

주택을 단순히 거래되는 재화로 여기기에는 어려운 측면이 있다. 주택은 사람들이 살고 생활할 공간이며, 가족들과 함께 삶을 나누는 공간이다 보니 일반적으로 거래되는 상품에 비해 좀 더 복잡한 의미를 갖는다. 하지만 앞서 언급한 것처럼 누군가는 다주택자가 되어야 임대 주택이 존재할 수 있다. 임대 주택 수요가 있는 한 다주택자 또한 존재할 수밖에 없는 것이다. 자유 시장 경제에서 주택도 자연스럽게 투자 수단으로서의 역할을 할 수밖에 없다. 2021년 기준 우리나라의 자가 보유율이 60.6% 퍼센트인데, 집값이 오르지 않거나 내린다면 자가에 거주하는 사람들은 현명하지 못한 선택을 한 것이다. 자가 주택을 매수할 때 내는 취득세, 보유 중에 내는 재산세와 종합부동산세를 감안하면 집값이 오르지 않고 유지만 되어도 자가에 거주하는 사람들은 손실이다. 그리고 임대로 거주할 시, 거주 비용을 줄일 수 있고, 남는 비용으로 다른 투자를 통해 수익을 얻는 기회비용까지 생각한다면 매우 멍청한 선택을 한 것이다. 우리나라 국민의 절반 이상이 멍청할까? 그렇지는 않을 것이다. 돈으로 환산할 수 없는 주거 안정성 등을 고려해 집을 소유하고 있는 사람들도 꽤 많을 것이다. 그러면 임대로 거주하는 40%에 가까운 사람들은 주거 안정성이 필요 없는 사람들일까? 절대 그렇지 않을 것이다. 이분법적인 사고로만 판단해서는 안 된다.

부동산 투자에 대한 부정적인 여론에만 휩쓸릴 것이 아니라, 객관적인 눈으로 다시 한번 보자. 1주택을 소유하고 그 집에 거주하는 사람, 주택을 소유하고 있지만 임차로 거주하는 사람, 무주택자 임차인, 다주택자인 부동산 투자자 등 다양한 사람이 부동산 시장에는 존재한다. 이 모두가 구성되어야 부동산 시장이 자연스럽게 작동한다. 앞서 언급한 예처럼 임대인이 있어야 임차인이 존재한다. 부동산 투자에 대해 막연하게 갖고 있는 부정적인 이미지부터 버리자.

우리는 노숙자로 지내지 않는 이상 내 집에 살거나 남의 집에 사는 선택을 해야만 한다. 부동산은 우리 삶에서 결코 외면할 수 없다. 거주에 큰 비용이 들어가는 만큼 현명한 결정을 하기 위해서라도 반드시 부동산에 대해 관심을 가져야 한다. 부동산 투자자가 아니더라도 부동산에는 꼭 관심을 갖자.

5

부동산 투자의 핵심
– 싸게 사는 방법

부동산은
모두 연결되어 있다

부동산 관련 정보를 보다 보면 이런 제목의 기사들을 많이 봤을 것이다.

"강남이 끌고, 마용성이 밀고… 서울 매매가격 지수 6주째 오름세(데일리안 PICK)"
"서울 고가 아파트 '갭 벌리기' 신고가 속출… 수도권 아파트값 상승(세계일보)"
"집값 고점이라지만… 중저가 단지 '갭 메우기' 과열 지속(한겨레)"

"강남이 오르면 마용성이 오른다", "고가 아파트 갭 벌리기 속출", "저가 아파트 갭 메우기 과열 지속" 등, 어느 한곳이 오르고 나면 다른 지역이 오르는 현상이 부동산 시장에는 존재한다. 우리가 받아들일 때는 자연스럽게 느껴지지만 사실 부동산에만 있는 특별한 현상이다. 주식 투자만 봐도 삼성전자가 오른다고 LG전자가 오르지는 않는다. 특정 섹터가 좋아지면서 같이 오르는 경우도 있기는 하지만 그렇다고 항상 같은 섹터가 움직이지는 않는다.

그런데 부동산의 경우는 다르다. 강남의 대장 아파트 중 하나인 아크로 리버파크가 오르면 바로 옆에 있는 반포자이도 오른다. 아크로 리버파크의 가격이 2배가 올랐는데 반포자이 가격이 계속 제자리인 경우는 없다. 상승 폭은 약간 다를 수 있어도 부동산은 같은 방향으로 움직인다. 서초구와 강남구가 오르면 그 옆에 위치한 잠실이 오른다. 강남이 오르고 나면 마포구, 용산구, 성동구도 오른다. 마포구가 상승하면 서대문구와 은평구가 오르고, 그 상승 에너지는 고양시와 파주시까지도 전해진다. 또한 강남이 오르면 바로 아래에 있는 과천과 판교가 오른다. 과천이 상승하면 안양이 오르고, 판교가 오르면 수지와 광교가 따라서 상승한다. 신기하게도 부동산은 이렇게 서로 연결되어 있다. 서로 에너지를 주고받으면서 상승과 하락을 반복하는 현상이 부동산에서는 확연하게 나타난다. 나는 이것을 '연결성'이라고 부른다. 지역 간, 아파트들 간에는 서로 강하게 연결되어 있다.

부동산의 연결성

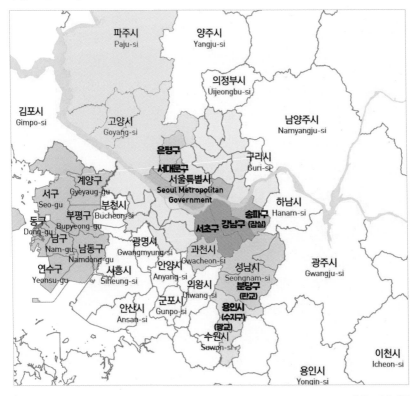

출처 : 저자 제공

아마 이 글을 보면서 많은 분들이 고개를 끄덕일 것이다. 마치 알고 있었던 사실처럼 굉장히 자연스럽게 느껴질지도 모른다. 하지만 이 연결성을 제대로 활용해 투자하는 사람은 별로 없다. 그 흐름을 꾸준히 보지 않고 띄엄띄엄 부동산 시장을 보기 때문이다. 이번 장에서는 이 연결성이 어떻게 발생하고 이것을 투자에 어떻게 적용하는지 자세히 살펴볼 것이다. 연결성을 반복적으로 체크하고, 이를 체득하게 되면 저평가된 아파트를 우리는 어렵지 않게 찾아낼 수 있을 것이다.

연결성은 몇 가지 특성을 가진다. 그중에서 투자에 활용하기 좋은 특성은 시차가 발생한다는 점이다. 연결성을 가지는 아파트들의 가격이 동시에 오르는 것 같지만 실제로는 시간 차이를 두고 오른다. 그 시간 차이는 짧으면 한 달이 될 수도 있고, 길게는 수개월에서 1년 이상이 되기도 한다. 시차가 짧으면 조바심이 생기고, 길어지면 지루해하거나 신뢰도가 떨어진다. 이런 이유로 대다수의 사람들이 연결성을 이해하면서도 실제 시장에서는 적용하지 못한다. "저 집 가격은 올랐는데 왜 우리집은 안오르지?", "부동산 소장님들이 가두리하네" 등의 불만을 이야기하기도 하고 "저쪽 집은 별로여서 안 올라", "역시나 저 입지는 좋지 않구만" 하는 이야기를 쉽게 하기도 한다. 현재 현상만 놓고 판단하는 실수를 하는 것이다. 뒤 챕터에서는 연결성을 활용해 미래 가격을 예측하는 방법과 부동산을 싸게 살 수 있는 방법을 자세하게 기술할 것이다. 이와 더불어 연결성의 원리와 특성도 다룰 것이다. 연결성의 특성을 알고 있으면 남들보다 한발 빠르게 움직일 수 있다. 싸게 살 수 있는 기회를 잡는 것이다. 부동산 투자에 있어서 싸게 사는 것, 이것 하나만으로도 최소 80% 이상의 성공 확률을 갖고 시작할 수 있다. 연결성만 제대로 이해해도 고점에 물리고 쌀 때 사지 못하는 그런 최악의 상황은 피할 수 있을 것이다.

부동산에서는 가격이
가장 중요하다

　부동산이라는 투자 상품에 있어서 무엇이 가장 중요할까? 신축? 대단지? 입지? 학군? 교통? 일자리? 호재? 발전 가능성? 남이 모르는 정보? 사실 다 중요하다. 하지만 이것들보다 더 중요한 것은 바로 가격이다. 모든 요인들이 반영된 결과가 가격이기 때문이다. 부동산에서 가격은 누가 결정해주는 것이 아니라 시장 참여자들이 자발적으로 결정한다. 다수의 사람들이 좋은 곳이라고 생각하는 아파트는 수요가 몰리니 비쌀 것이고, 반대로 별로라고 여겨지는 곳은 쌀 것이다. 우리는 강남이 가장 좋은 지역이라는 것을 안다. 교통, 학군, 상권, 일자리, 호재 등 뭐 하나 빠지는 것이 없다. 그러니 가격이 비싸다. 가격이 싼 곳들은 교통이 좋지 않다든지 일자리가 부족하다든지 혹은 학군이 좋지 않다든지 분명 싼 이유가 있다. 다시 말하면 가격에 많은 것들이 이미 반영되어 있다는 말이다.

　이번에는 반대로 생각해보자. 그렇다면 부동산의 가격을 정하는 중요한 요인은 무엇일까? 처음에 이야기한 것들이 모여서 가격으로 나타나겠지만 그중에서 중요한 것 중 하나는 상품이다. 상품은 신축인지 구축인지, 중대형인지 소형인지, 대단지인지 중소단지인지, 신축 분양권인지 일반 기축 아파트인지 등에 따라 가격이 달라진다. 같은 입지라면 신축이 비싸고 구축이 싸다.

또한 가격을 결정하는 중요한 요소 중 다른 하나는 입지다. 입지가 좋은 곳은 비싸고, 입지가 좋지 않은 곳은 싸다. 상품으로 인한 가격 차이는 크지 않지만 입지로 인한 가격 차이는 엄청나게 크다. 강남 한복판의 신축 아파트와 시골의 신축 아파트는 가격이 10배 이상 차이가 난다. 그래서 많은 사람들이 부동산 투자에 있어서 입지라는 것을 중요하게 생각한다. 이 입지를 결정짓는 요소는 크게 5가지가 있다.

★ 이 요소들은 이미 **시장 가격**에 반영되어 있다!

교통이 좋은 곳, 학군이 좋은 곳, 백화점과 같은 상권이 좋은 곳, 공원이나 강이 주변에 있는 곳, 일자리가 많은 곳이 주로 비싼 곳이다. 이 5가지를 만족하는 곳이 어디일까? 바로 강남이다. 강남은 지하철 노선도 많이 지나가고, 많은 수의 수도권 광역버스가 강남을 향하고 있다. 한마디로 교통의 핵심지다. 또한 대치동 학군은 대한민국에서 최고의 학군이다. 방학이면 전국 각지의 학생들이 대치동으로 학원 수업을 들으러 올 정도다. 강남에서 시작한 학원 프랜차이즈들이 지방으로 쭉쭉 퍼지기도 한다. 상권은 말할 것도 없다. 강남역 주변은 우리나라 최대 상권이며 신세계, 현대, 갤러리아, 롯데 4대 백화점이 강남구와 서초구에 있다. 한강을 끼고 있고, 양재천도 있어서 자연환경도 갖추고 있다. 일자리도 많다. 예전만 못하다고 하지만 테헤란로에는 여전히 많은 기업들이 있고, 삼성역 개발로 더 많은 일자리가 생길 예정이나. 입지를 결정

짓는 5가지가 모두 좋으니 비쌀 수밖에 없다. 그 외에 비싼 지역인 판교, 과천, 잠실 등은 이 5가지 조건 대부분이 좋다. 입지가 좋으니 가격이 비싼 것이다. 우리는 가격이 비싼 것을 보고 입지가 좋구나라고 판단할 수 있다. 다시 말하면 이 요소들은 이미 시장 가격에 반영되어 있다.

아파트를 가격으로 정렬을 했을 때 비싼 곳은 상품과 입지가 좋고, 싼 곳은 상품과 입지가 그보다 좋지 않은 곳이라고 볼 수 있다. 가격에 모든 것이 녹아 있다. 가격은 시장에 참여한 많은 사람들이 인정한 것이기 때문에 다수의 생각이 바뀌지 않는 한 지역별, 아파트별 가격 역전 현상이 발생하기 어렵다. 새로운 지하철이 생긴다든가 대규모 일자리가 생기는 정부 정책으로 인해 가격 역전이 일어나기도 하지만 이것은 갑자기 일어나는 일이 아니다. 오랜 시간이 걸린다. 그런데 여기서 중요한 것이 있다. 가격 순위는 잘 변하지 않지만 아파트끼리의 가격 차이는 벌어지기도 하고 줄어들기도 한다는 사실이다. 비싼 것과 싼 것의 가격 차이가 어떨 때는 많이 벌어지고 다른 때는 좁혀진다는 말이다. 이런 특성을 잘 파악하면 우리는 투자 타이밍을 잡을 수 있다. 가격 차이가 좁혀졌을 때 상대적으로 비싼 것을 사고, 벌어졌을 때는 상대적으로 싼 것을 사면 항상 본래의 가치보다 가격이 낮은 저평가 부동산을 살 수 있다. 가격에 부동산 상품의 가치를 나타내는 것이 모두 녹아 있기 때문에 가격이 가장 먼저 판단해야 할 요소다. 그런데 가격은 상황에 따라, 시장 분위기에 따라, 심리에 따라 크게 변한다. 같은 대치동 은마아파트라고 하더라도 어떨 때는 10억 원이었다가 어떤 시기에는 20억 원이 되기도 한다. 한 달 사이 3억 원이 움직이기도 한다. 짧은 기간에 입지가 변할 수는 없다. 본연의 가치가 바뀌지 않았음에도 불구하고 가격은 출렁거린다.

투자를 할 때 무엇보다 싸게 사는 게 중요하다. 주식에서 가치 투자가 굉장히 인기를 끌었을 때가 있었는데, 이 가치 투자의 핵심은 본연의 가치보다 가격이 쌀 때 투자하는 것이다. 그런데 주식을 조금이라도 해본 사람은 알겠지만 아무리 기업을 분석해도 주식 가격이 싼 것인지 아닌지를 판단하기가 쉽지 않다. 가격은 싸면서 가치가 좋은 저평가 상품을 찾는 것이 말은 쉬워도 막상 내가 하려고 하면 굉장히 어렵다. 어느 정도의 가치가 적정 가격인지를 판단하는 게 어렵기 때문이다.

부동산도 마찬가지다. 상품, 대단지, 입지, 학군, 교통, 일자리, 호재 등과 같은 부동산의 가치를 나타내는 여러 요소들이 있다. 하지만 우리가 특정 부동산의 가치를 파악하고 분석하더라도 매번 이게 적정 가격인지를 판단하는 것은 쉽지 않다. 특히나 부동산의 경우는 100% 똑같은 상품이 없기 때문에 가치 파악이 더 쉽지 않다. 이 문제를 해결하기 위해 우리는 지금부터 가격 비교를 할 것이다. 가격 비교를 통해 싸다 비싸다를 판단해보자.

부동산은
비교부터 시작이다

내가 처음 부동산 투자를 시작할 때만 해도 부동산 관련 정보를 찾기가 어려웠다. 부동산 투자 관련 책조차도 많지 않았다. 부동산 관련 데이터를 보려면 직접 통계청에 들어가서 다운로드를 받고 엑셀로 가공해야 했다. 하지만 요즘에는 블로그나 유튜브 등에 부동산 관련 콘텐츠들이 많고, 무료 앱이나 웹사이트에서 쉽게 데이터를 볼 수 있다. 불과 5~6년 전만 해도 특정 지역의 입주물량 하나 보는 데도 분양한 단지를 일일이 찾아서 엑셀에 숫자를 써넣어야 했다. 요즘에는 딥러닝을 통해서 미래 가격을 예측하는 서비스도 있고, 특정 아파트의 대지 면적까지 볼 수 있는 서비스도 생겼다. 약간의 수고를 들이면 다양한 부동산 정보를 찾을 수 있어 편해졌지만 한편으로는 남들과 차별화된 정보를 갖기가 더욱 어려워졌다.

하지만 정보를 손쉽게 얻을 수 있더라도 결국 중요한 것은 내가 사는 게 싼지 비싼지 판단하는 것이다. 이 판단은 스스로 해야 한다. 누구도 도와주기 어렵다. 정보가 아무리 많다고 해도 이런 판단은 쉽지 않다. 그러다 보니 다른 사람의 생각과 말을 따라서 매수하는 사람들이 많은데, 굉장히 위험하다. 백 세 시대에 이런 판단을 여러 번 해야 할텐데, 한 번의 잘못된 선택으로 큰 손해를 볼지도 모른다. 남이 그 손해를 책임져주지 않는다. 손실은 내가 떠안아야 한다. 싼지 비싼지 판단하는 것은 반드시 스스로 해야 한다. 어렵더라도 그렇게 해야 한다. 그게 실력을 키우는 길이다.

그렇다면 싸다는 판단을 잘 내리기 위해서는 무엇이 필요할까? 크게 두 가지 기준으로 판단할 수 있다. 첫 번째는 다양한 아파트들의 상대적인 비교를 통해서 싸다, 비싸다를 판단하는 것이다. 두 번째는 부동산 시장의 사이클 위치를 고려해서 판단하는 방법이다. 첫 번째는 공간에 대한 비교라면 두 번째는 시간에 대한 비교라고 할 수 있다. 이번 챕터에서 설명하는 연결성은 상대적인 비교를 통해서 싸다, 비싸다를 판단하는 방법이다. 사이클은 앞서 설명한 달걀이론을 통해 현재가 싼지 비싼지를 판단할 수 있다.

예를 들어보자. 어떤 지역의 84타입 아파트의 분양가가 10억 원이라고 하자. 이 아파트는 싼 것일까? 비싼 것일까? 10억 원이라는 절대가격은 비싼 아파트처럼 보이기도 한다. 서울에 사는 사람들은 신축 아파트가 10억 원이라고 하면 싸 보인다고 말할 것이고, 지방에 사는 사람들은 비싸다고 할 것이다. '지역마다 다른 거 아닌가? 어느 지역인지 알려줘야 판단하지?'라고 생각했다면 당신은 제대로 판단할 능력을 가졌을 가능성이 높다.

그럼 이제 이 10억 원 아파트가 강남에 있다고 해보자. 그럼 싼 것일까? 비싼 것일까? '강남에서 신축이 10억 원이면 진짜 싸네'라고 생각할 것이다. 왜냐하면 우리는 강남의 신축 아파트 가격을 이미 알고 있기 때문이다. 그럼 반대로 이 10억 원 아파트가 수도권 외곽인 안성시에 있다고 해보자. '안성에서 10억 원 아파트면 신축이라도 진짜 비싸다', '미분양될 것 같은데?'라고 대부분 생각할 것이다. 우리 머릿속에는 대략 강남이나 안성의 아파트가 얼마 정도인지 들어 있기 때문에 쉽게 판단할 수 있다.

이번에는 이런 예를 들어보자. 역세권에 신축인 A아파트가 10억 원이라고 해보자. 이 정보만으로는 싼지 비싼지 알기 어렵다. 정보를 추가해보자. '같은 지역 내의 역에서 먼 신축 아파트 가격이 10억 원이다.' 이제 역세권 신축 A아파트는 상대적으로 저렴해보일 것이다. 만약 지하철역도 강남에 직통으로 갈 수 있는 황금노선이라면 어떨까? 이 역세권 A아파트가 훨씬 싸게 느껴질 것이다.

또 다른 예를 들어보자. 불과 1년 전까지 가격이 거의 같이 움직인 A아파트와 B아파트가 있다. 5년 전에는 둘 다 5억 원이었고 1년 전에는 7억 원이었다고 해보자. 그런데 시장 분위기가 달라졌다. A아파트 가격이 올라서 8억 원이 되었고, B아파트는 7억 원 그대로다. 두 가지 생각을 해볼 수 있다. A아파트가 비싼 것일 수도 있고, B아파트가 싼 것일 수도 있다. 아직 2개만 비교했기 때문에 확실하게 판단하기 어렵다. 추가로 C아파트도 비교해보자. C아파트도 A, B아파트와 가격이 같았는데 C아파트도 8억 원 근처 가격이 형성되었다고 해보자. B아파트보다 비싸졌다. 확률적으로 A와 C아파트는 가격이 올랐는데 B아파트는 안 올랐으니 '지금이 싸다'라는 생각을 비교를 통해서 해볼 수 있다.

부동산은 정해진 가격이 없고, 사람과 사람 간의 밀고 당기기를 통해서 시세가 결정된다. 입지가 쉽게 변하는 것도 아니고, 학군이 바뀌지도 않는데 가격은 자주 변한다. 가격은 거래하는 사람끼리 결정하기 때문에 그렇다. 그래서 이 가격이 적정한지 아닌지를 판단하기 위해서는 지속적으로 여러 지역과 아파트를 비교해야 한다. 그러다 보면 강남 신축 아파트가 10억 원이면 싸다는 것과 안성의 신축 아파트가 10억 원이면 비싸다는 것을 쉽게 판단할 수 있는 것처럼 어떤 지역의 아파트가 싼지, 비싼지를 자연스럽게 느낄 수 있게 된다. 비교는 어려운 방법이 아니지만, 많이 해보고 꾸준히 해야 싸다, 비싸다 하는 판단이 쉬워진다. 단 한 번에 싼 아파트가 보이지는 않는다. 쉬운 방법일수록 얼마나 많이 해서 익숙해지느냐에 따라 결과가 달라진다. 이 책을 통해 비교 평가하는 방법을 깨닫고 싼 곳과 비싼 곳을 직접 판단할 수 있기를 바란다.

연결성의 기본 원리
- 가격의 변동

쉬운 예를 한 가지 들어보자. 판교역 근처에 A, B, C 세 아파트가 있다. A아파트는 판교역과 딱 붙어 있는 역세권에 있다. B아파트는 판교역과는 걸어서 10분 정도 떨어진 위치에 있다. C아파트는 판교역에서 차로 10분 정도 떨어져 있다. 역과의 거리 외에는 모든 조건이 같다. 세 아파트의 가격이 모두 5억 원이다. 어떤 아파트를 살 것인가?

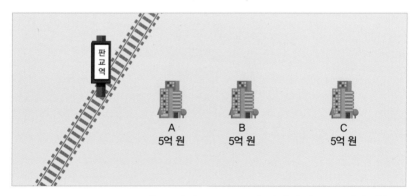

A, B, C 세 곳 아파트 모두 5억 원이라면?   출처 : 저자 제공

사람의 생각은 비슷하다. 굉장히 합리적이고 상식적이다. 백 명에게 물어도 백 명이 A아파트를 살 것이다. 같은 가격인데 굳이 역과 멀리 떨어진 아파트를 살 이유가 없다. 그러면 A아파트에 수요가 몰리게 된다. A아파트의 매물은

한정적인데 수요는 많아지면 어떻게 될지는 뻔하다. 공급과 수요의 법칙에 의해 가격은 오르게 된다. 그런데 아무리 수요가 많아지더라도 무한정 오를 수는 없다. 사람들이 일반적으로 적정한 가치라고 생각하는 정도까지만 오른다.

A아파트가 7억 원이 되었다고 해보자. 이제부터 사람들은 고민하기 시작한다. A아파트는 초역세권이기는 하지만 2억 원이나 더 주고 살 만한 가치가 있을까? B아파트도 걸어서 역에 갈 수 있으니 괜찮다고 생각한다. 이 상황에 C아파트를 쳐다보는 사람은 없을 것이다. B아파트와 C아파트의 가격이 같기 때문이다. 이제 B아파트의 가격이 오르게 된다. 그러나 A아파트의 가격은 넘을 수 없다. A아파트보다 낮은 가격까지 오를 것이다. 6억 5,000만 원까지 올랐다고 해보자. 이제 상대적으로 C아파트가 싸 보인다. 나는 지하철을 탈 이유도 없는데 굳이 1억 5,000만 원이나 더 주고 B아파트를 살 필요는 없다고 생각하거나 역까지는 버스를 타고 가도 된다는 사람들이 생긴다. 이제 C아파트의 가격도 오르게 된다. 여기서도 C아파트는 A와 B아파트의 가격을 넘을 수는 없다. 적당한 가격까지만 오른다. 결국 A, B, C아파트의 가격이 똑같이 시작했지만 상품이 가지는 가치에 따라 수요가 변하면서 다른 가격을 형성하게 된다.

여기서 중요한 것은 A, B, C아파트의 가격이 동시에 오르지 않는다는 것이다. 지나고 나서 보면 다같이 오른 것 같지만 A, B, C의 가격 상승에는 시차가 발생한다. 물론 A아파트가 오른 후 가격 상승이 멈추고 나서 B아파트가 오르고, 그 뒤에 C아파트의 상승이 시작하는 것은 아니다. A아파트의 상승이 아직 끝나지 않았음에도 B아파트의 상승이 시작될 수 있다. 하지만 A아파트가 어느 정도 상승하고 난 이후에 B아파트가 싸 보이기 시작하는 타이밍이 존재하고, 바로 그때 B아파트의 상승이 시작된다. 이 가격의 시차를 캐치하면 투자 타이밍이 생기게 된다.

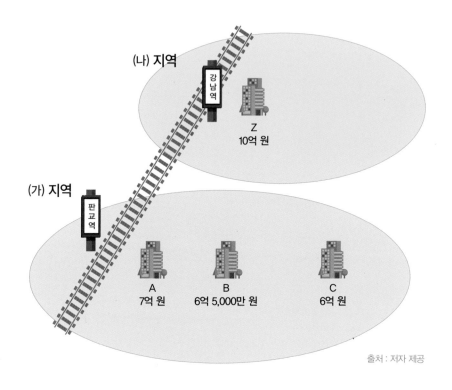

(나) **지역**

강남역

Z
10억 원

(가) **지역**

판교역

A
7억 원

B
6억 5,000만 원

C
6억 원

출처 : 저자 제공

　이것은 아파트단지 간뿐만 아니라 지역 간에도 똑같다. 지역으로 넓혀도 비슷한 현상이 발생한다. A, B, C아파트가 있는 지역을 (가) 지역이라고 해보자. 판교역 근처 아파트인 A는 7억 원, B는 6억 5,000만 원, C는 6억 원인 상황이다. 그리고 (가) 지역과 지하철로 연결된 또 다른 (나) 지역이 있다. (나) 지역은 (가) 지역보다 입지도 좋고 상권도 좋고 학군도 좋은 강남이다. 이 지역에서의 대장 아파트를 Z라고 해보자. 이 Z는 현재 10억 원이 시세인 상황이다. 시장의 상승기가 시작되면서 (나) 지역의 대장 아파트인 Z단지가 상승하기 시작한다. 시장이 상승 분위기를 타면 사람들은 주거의 질을 높이기를 원하고 좋은 지역과 새 아파트에 살고 싶어 하는 욕구가 강해진다. 그러다 보니 Z아파트에 대한 수요가 늘어나게 되고, 10억 원이었던 것이 꾸준히 상승해 12억 원까지 된다.

이런 상황이 되면 (가) 지역의 아파트 단지는 어떻게 될까? (나) 지역과 연결되어 있는 (가) 지역도 상승하기 시작한다. (나) 지역의 상승 에너지가 (가) 지역으로 전달되는 것이다. (나) 지역의 대장 아파트 Z와 비교해 (가) 지역의 아파트가 상대적으로 싸 보이기 때문이다. 이때 (가) 지역의 아파트 A, B, C가 동시에 상승할까? 앞의 설명과 비슷하게 A단지부터 상승하기 시작한다. (가) 지역에서는 A가 가장 살고 싶은 아파트 단지이기 때문에 사람들의 마음속에 (가) 지역이 싸다는 느낌이 들면 A부터 수요가 몰리게 된다. 그리고 A의 시세가 어느 정도 상승하게 되면 그 에너지는 다시 B, 그리고 C까지 단계적으로 상승하게 된다. 한 방에 팍 오르는 게 아니라 한 곳의 에너지가 시간이 흘러가면서 다른 곳으로 계속 흘러가게 된다.

이것을 우리는 '연결성'이라고 부른다. 일반적인 부동산 용어인 갭 메우기, 갭 벌리기와 유사하게 볼 수도 있다. 하지만 갭 메우기와 갭 벌리기보다는 연결성이 조금 더 넓고 이론적인 특성을 가지고 있다. 많은 사람들이 갭 메우기와 갭 벌리기 현상에 대해서 이야기하지만 원리와 데이터를 가지고 이야기하는 경우는 거의 보지 못했다. 우리가 이것을 연결성이라고 부르는 이유는 부동산이 서로 연결되는 특성을 가지고 있어서 이러한 결과도 나타나는 것이라고 생각했기 때문이다. 이 책에서는 이 연결성이 왜 일어나고, 실제 현장에서 어떻게 나타나는지를 모두 상세하게 설명할 것이다.

지역 간 연결성
살펴보기

앞에서 연결성이 어떻게 발생하는지를 예시를 통해 살펴보았다. 실제 시장에서 연결성이 존재한다는 것을 수치적으로 보려고 한다. 지역 간의 연결성이 존재한다는 것을 먼저 KB 매매지수를 통해 살펴보자. KB 매매지수는 매주 KB부동산을 통해서 제공되는 지수로, 지역별로 볼 수 있으며 매주 발표되기 때문에 시간에 따른 각 지역의 부동산 흐름을 파악하는 데 용이하다. 매매지수를 통해 각 지역이 어떻게 연결되어 있고, 어떻게 시차가 발생하는지 살펴보도록 하자.

서울에 25개구가 있지만 지역별 흐름을 시간에 따라 비교하기 위해서 서울의 3개 지역을 선택했다. 서울에서 가장 비싼 지역인 강남구, 중간 지역인 영등포구, 그리고 이 둘보다는 싼 지역인 강서구를 살펴본다. 강남구와 영등포구, 강서구는 지하철 9호선으로 연결되어 있어서 에너지가 서로 전달되는 지역이기도 하다. 이들 3개 지역의 흐름을 살펴보도록 하자.

1. 2004~2008년

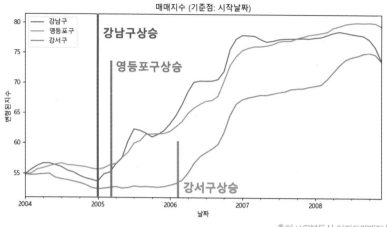

매매지수 (기준점: 시작날짜)

출처 : KB부동산 아파트매매지수

먼저 2004년에서 2008년까지의 매매지수다. X축이 연도이고 Y축은 매매지수이다. 3개 지역의 흐름을 잘 보기 위해서 연월의 시작점(2004년 1월)을 기준점으로 변형했다. 파란색 선이 강남구, 주황색이 영등포구, 녹색이 강서구의 그래프다. 2004년부터 2008년까지가 2000년대의 서울 2차 상승 사이클 시기였다. 2000년부터 상승했던 매매가격이 2004년 조정을 받고 2005년부터 2008년까지 2차 상승으로 마무리했다. 2005년부터 다시 상승을 시작할 때 가장 먼저 상승한 지역은 바로 강남구였다. 2005년 1월 강남의 재건축 아파트들이 다시 상승하면서 강남, 서초 아파트가 전체적으로 상승했는데 영등포구와 강서구는 아직 상승이 보이지 않는다. 2005년 1분기가 지나고 나서야 영등포구도 상승하기 시작했다. 하지만 강서구는 2005년이 끝날때까지도 잠잠하다가 2006년이 지나서야 본격적으로 상승하기 시작했다. 우리가 2005년 연초에 강남구의 상승을 캐치했다면 강남구에 집을 사도 되지만 영등포구로 달려갔어도 더 싸게 집을 살 수 있었을 것이다. 영등포구도 놓쳤다면 강서구로 가서 집을 사면 오르기 전에 싸게 집을 살 수 있었을 것이다.

2. 2008~2013년

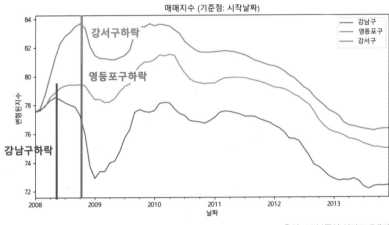

매매지수 (기준점: 시작날짜)

출처 : KB부동산 아파트매매지수

　이번에는 2008년 하락 사이클이 시작하는 시기를 살펴보자. 이 그래프에서도 비교하기 쉽게 그래프의 시작점(2008년 1월)을 기준점으로 변형했다. 2008년 1분기가 지나고 강남구는 하락하기 시작한다. 금리가 고점이기도 했고 미국에서 좋지 않은 뉴스들이 나오던 시기였다. 아파트 가격 자체도 꽤 많이 올라서 높은 가격에 대한 피로감이 상당했다. 강남구의 상승이 멈추고 하락으로 전환되는 2008년 2분기에 영등포구는 하락하지 않고 횡보하고 있다. 그리고 강서구는 그 시기에도 하늘 높은 줄 모르고 계속 상승했다. 그러다가 2008년 4분기에 영등포구와 강서구가 동반 하락하기 시작한다. 이때 미국 금융위기가 전 세계로 퍼지며 충격파가 전해졌고, 동반 하락을 한 것이다.

　2008년 연말에 전 세계 금리가 엄청나게 빠른 속도로 내려갔다. 미국은 제로금리까지 가게 되었고 우리나라도 금리가 역사상 최저 금리까지 단번에 내려갔다. 그리고 아파트 가격이 큰 폭으로 빠르게 낮아지면서 저렴해보이는 효과와 저금리의 힘이 합쳐지면서 2009년부터 빠르게 반등했다. 어디부터였을

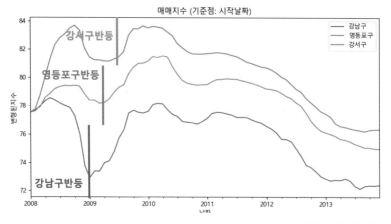

출처 : KB부동산 아파트매매지수

까? 바로 강남구부터였다. 강남구는 2009년이 시작되자마자 반등하기 시작하는데, 영등포구와 강서구는 아직 떨어지는 게 멈추지 않는다. 강남구가 상승하기 시작하고 2~3개월 정도가 지난 뒤에 영등포구도 반등하기 시작한다. 그런데 강서구는 아직이다. 강서구는 영등포구가 반등하고 2~3개월 정도 지난 뒤에 반등한다. 반등할 때도 이렇게 시간 차이가 생기는 것을 볼 수 있다.

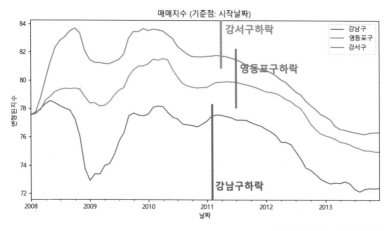

출처 : KB부동산 아파트매매지수

그렇게 반등하는 중에 우리나라는 강인한 경제를 믿고 금리 인상을 단행했는데, 유럽발 위기가 터지면서 다시 한번 하락을 맞이하게 된다. 이때도 지역별 시차가 존재하는데, 강남구가 2011년이 시작되자마자 하락하기 시작했고, 영등포구는 3~4개월 뒤, 강서구는 1~2개월 뒤 하락하기 시작한다. 이때는 영등포구보다 강서구의 하락이 먼저 보이기는 하지만 시차는 존재하는 것을 알 수 있다.

3. 2013~2017년

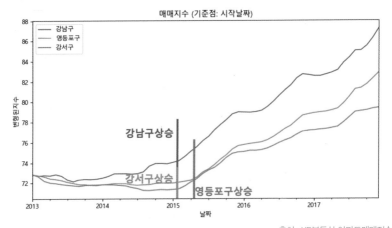

매매지수 (기준점: 시작날짜)

출처 : KB부동산 아파트매매지수

그렇게 장기간 하락하다가 2015년에 들어서며 서울 부동산 시장이 기지개를 펴기 시작한다. 2010년대 상승 사이클의 시작이다. 이때는 2015년 초 강남구와 강서구가 거의 동시에 상승하기 시작하는 것을 알 수 있다. 이번 장에서는 사이클에 대해서 이야기를 하는 것이 아니라서 자세하게 언급하지는 않겠지만, 이때는 상승 사이클의 초반으로 전세의 가파른 상승 이후 전세가격이 매매가격을 밀어올리는 시기다. 그렇다 보니 강서구의 매매가격과 전세가격이 붙어 있었고, 작은 갭으로 인해 선제적 투자자들이 빠르게 진입하면서 매매가격이 빠르게 반등했다. 그래서 강남구의 상승과 함께 강서구도 빠르게 상승하기 시작했다. 그에 반해 영등포구는 1분기 정도 뒤에 상승을 시작했다. 이때도 강남구와 강서구의 상승 흐름을 캐치했다면 영등포구가 다음에 오르겠구나를 충분히 예측해볼 수 있다.

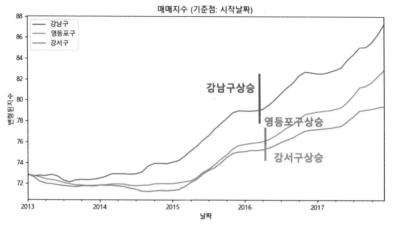

출처 : KB부동산 아파트매매지수

한 번의 상승 이후 잠깐 주춤하다가 2016년 초 다시 상승을 시작하는데, 강남구가 조금 빠르게 먼저 상승하고, 1개월 정도 뒤에 영등포구와 강서구가 상승하는 것을 볼 수 있다. 이때는 점점 매매에 가수요가 붙기 시작하면서 '좋은 놈'에 더 관심도가 증가하게 되면서 강남구가 다시 먼저 상승하는 양상을 보여준다.

4. 2017~2020년

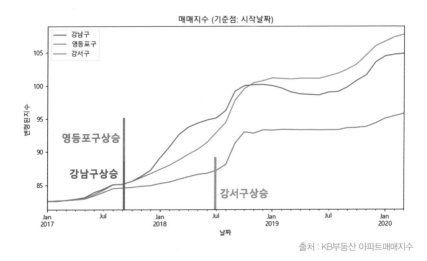

매매지수 (기준점: 시작날짜)

출처 : KB부동산 아파트매매지수

2017년 상반기 대선 정국으로 이어지면서 주춤했던 흐름이 여름을 기점으로 다시 상승하기 시작한다. 그리고 강남구와 영등포구는 8월 이후 갑자기 급등하기 시작하는 것을 볼 수 있다. 강서구는 안 오르는 것은 아니지만 강남구와 영등포구의 오르는 것에 비하면 아주 찔끔 오르는 수준으로만 반응하는 것을 알 수 있다. 매매 수요가 '똘똘한 놈'으로 점점 이동하면서 나타나는 특징이다. 그리고 '비싼 놈'이 충분히 비싸진 이후 2018년 여름쯤이 되어서야 강서구가 급등하기 시작하는 것을 볼 수 있다. 이때는 강남구와 강서구의 시차가 거의 1년이다.

2019년 상승 때도 마찬가지다. 2018년 9. 13대책이 나오고 지지부진하다가 2019년 5월을 기점으로 강남구와 영등포구가 반등한다. 이때 9. 13대책이 워낙 강력했기 때문에 강남을 비롯한 비싼 지역들이 조정을 받았다. 헬리오시티의 입주도 2019년 상반기에 있다 보니 지지부진하다가 헬리오시티의 입주가 마무리되면서 강남부터 상승했다. 하지만 강서구는 이때도 조용한 분위기

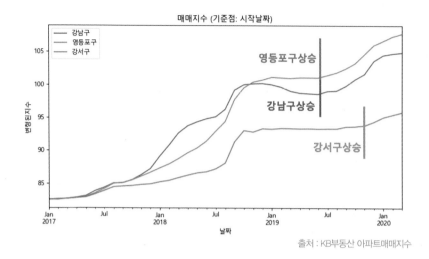

가 이어진 것을 볼 수 있다. 그러다 꾸준히 관찰했다면 강남과 영등포구가 충분히 오른 연말쯤 되어서야 강서구도 상승하기 시작했다. 이때도 우리는 강서구에 투자할 만한 충분한 시간과 기회가 있었다. 꾸준히 관찰했다면 강남과 영등포구가 6개월 동안 오르는 것을 보면서 강서구에 투자해야겠다는 생각을 할 수 있었다.

연결성이
생기는 이유

지금까지 연결성에 대해서 살펴보았다. 부동산이 서로 연결되어 있고 시차가 발생하기 때문에 우리는 싸게 살 수 있는 기회를 잡을 수 있다. 그런데 이 연결성은 어떤 이유로 생기는 것일까? 다음 두 가지 원인으로 연결성은 발생한다.

부동산 개별성

전 세계 80억 인구 중에 당신과 똑같은 사람은 없듯이 부동산도 전 세계 어디에도 같은 부동산은 없다. 일란성 쌍둥이는 외모가 거의 비슷하지만 성격이나 말투, 습관은 다르다. 아마 인간을 복제하는 세상이 오더라도 살아온 경험이 다르기 때문에 성격은 다를 것이다. 부동산도 마찬가지다. 아파트는 특정 땅 위에 높이 짓는 주택이다. 쌍둥이와 같다. 아파트 각 호실의 외모는 구분하기 어려울 정도로 비슷하다. 하지만 쌍둥이라도 성격이 다른 것처럼 아파트도 내부가 다르다. 35층 아파트 중 14층과 15층에서 보는 전망은 거의 비슷하겠지만 약 3미터의 높이 차가 있어 미미하더라도 조망 차이가 난다. 집 내부에서 밖을 보는 풍경이 똑같다고 할지라도 내부 인테리어는 확연히 차이가 난다. 부동산이라는 큰 범주 안에서 외형이 가장 비슷한 아파트 형태의 주택도 100% 똑같은 집이 존재하지 않는데, 똑같은 토지는 세상 어디에도 없다는 것은 굳이 설명이 필요 없다.

경제학의 유명한 법칙 중에 '일물일가의 법칙'이 있다. 같은 제품은 같은 가격을 갖는다는 것이다. 우리는 공장에서 만들어낸 동일한 제품들을 쉽게 볼 수 있다. 동네 마트에 가면 과자, 우유, 세제 등 수많은 제품들이 진열되어 있다. 대부분 똑같은 모양, 똑같은 구성의 제품이다. 같은 제품이 여러 개 진열되어 있어도 가격표는 하나다. 같은 제품이라도 마트별로 가격 차이가 있을 수는 있으나 그 차이가 크지 않다. 간혹 눈에 띌 정도의 가격 차이가 날 때도 있다. 하지만 일시적이다. 같은 제품이 오랜 시간 큰 가격 차이를 유지하기는 어렵다. 더 싸게 판매하는 쪽으로 사람들이 몰릴 것이기 때문이다.

정보가 빠르게 전달되는 현대 사회에서는 '일물일가의 법칙'이 더욱 잘 작용된다. 예를 들어 우리나라에서 10만 원에 판매되는 운동화가 미국에서 2만 원에 팔리고 있다고 해보자. 미국에서 싸게 판다는 정보는 빠르게 퍼질 것이고 다수의 사람들이 미국에서 그 신발을 구매할 것이다. 최근에는 해외직구를 손쉽게 할 수 있기 때문에 많은 사람들이 미국에서 그 운동화를 사려고 할 것이다. 만약 배송비가 1만 원이라면 운동화 구매 비용은 총 3만 원이다. 한국에서 사는 것보다 7만 원을 아낄 수 있다. SNS를 통해 해당 운동화를 싸게 구입하는 방법이 확산되면 한국 내에서 구매하는 사람들의 수는 급격히 줄어들 것이다. 발빠른 사람들은 미국에서 그 운동화를 구입한 후 2만 원을 남기고 5만 원에 팔기도 할 것이다. 한국에서 운동화를 10만 원에 팔던 사람은 가격을 내릴 수밖에 없다. 미국에서 운동화를 직구했을 때 들어가는 비용이 3만 원이니 그와 비슷한 가격까지 내려야 수요가 생길 것이다. 동일한 제품이 일시적으로는 가격 차이가 발생할 수는 있지만 그 가격 차이를 지속하기는 어려운 이유다. 이처럼 같은 제품이 다른 가격을 가질 경우 결국 하나의 가격에 도달한다는 것이 '일물일가의 법칙'이다.

부동산은 이런 일물일가의 법칙이 적용되지 않는다. 같은 부동산이 존재하지 않기 때문이다. 그렇다면 부동산의 가격은 어떻게 정해질까? 일반적으로 비슷한 부동산끼리 비교를 통해 가격이 결정된다. 동일한 부동산은 없지만 유사한 부동산은 있기 때문이다. 쌍둥이처럼 말이다. 인테리어나 집 관리 상태가 비슷하다면 같은 동의 14층과 15층은 같은 가격일 수 있다. 큰 차이가 없다면 13층과 16층도 같은 가격일 수 있다. 다른 동끼리도 비교를 통해 가격이 정해진다. 101동이 지하철 역과 100미터 떨어져 있고, 120동은 400미터 떨어져 있다면 101동의 가격이 더 비쌀 것이다. 비슷한 시기에 바로 옆에 지어진 두 아파트의 경우 A아파트는 지하주차장이 있고, B아파트는 지하주차장이 없다면 A아파트가 더 비쌀 것이다. 가격에 영향을 주는 요소들은 무수히 많다. 이 모든 것을 고려해서 가격을 측정하기란 매우 어렵다. 그래서 부동산의 가격을 매길 때는 '거래 사례 비교법'을 많이 활용한다. 많은 요인들이 실질적인 부동산 가격에 영향을 주겠지만 결국 거래되는 가격에 이 모든 것이 반영되어 있다고 가정하는 것이 '거래 사례 비교법'이다. 지하주차장이 있는 A아파트의 10층이 3억 원에 거래되었다면 지하주차장이 없는 B아파트의 10층은 3억 원보다 쌀 것이라고 예상할 수 있다. B아파트의 거래가 한동안 없더라도 A아파트의 가격을 통해 B아파트의 가격을 예상할 수 있는 것이다. '거래 사례 비교법'은 감정평가를 할 때 많이 쓰인다. 1년에 한 번 정부에서 진행하는 공시지가 산출에도 활용된다. 공시지가는 전국에 있는 약 2,192만 호 주택(2022년 기준)에 모두 부여된다. 주택 가격에 영향을 주는 모든 인자를 계산해 공시지가를 산출한다는 게 가능한 일이겠는가? 당연히 불가능하다. 그러니 거래 사례 비교법을 활용할 수밖에 없다. 이 방법의 가장 중요한 키워드는 '비교'다. 같은 물건은 같은 가격을 매기면 되겠지만 똑같은 부동산은 세상 어디에도 없기 때문에 '더 좋다', '더 나쁘다'처럼 비교를 통해서만 가격을 매길 수 있다.

□ 공시가격

소재지	단지명	동/호	전년가격(원)	금년가격(원)
서울특별시 송파구 가락동 913	헬리오시티	501호	1,504,000,000	1,079,000,000

□ 위치도 및 주변환경

위치도	주변 환경	
	교육시설	서울가락초,해누리중,잠실여고
	편익시설 (대형마트, 백화점 등)	-
	의료시설 (대형병원)	한솔병원
	행정시설 (관공서)	가락1동주민센터,석촌동주민센터, 문정2동주민센터
	교통시설 (지하철)	송파(8호선),석촌(8호선,9호선)(역)

□ 주택특성자료

	용도	용도지역	건물구조
단지특성	아파트	제3종일반주거지역	철근콘크리트구조
	사용승인연도	동수	세대수
	2018	84	9,510
	건폐율	용적률	전체 주차대수
	19.41%	285.98%	12,602
	최고/최저층수	공시면적 종류	
	35 / 1	39.1㎡, 39.12㎡, 39.17㎡, 39.86㎡, 49.19㎡, 49.21㎡, 49.29㎡, 49.32㎡, 59.96㎡, 84.94㎡, 84.95㎡, 84.96㎡, 84.97㎡, 84.98㎡, 84.99㎡, 99.6㎡, 110.44㎡, 110.66㎡, 130.06㎡, 150.07㎡ 외 2 건	
세대특성	공시면적	해당세대수	향
	84.96㎡	328	남

□ 가격참고자료

구분	소재지	단지명	층	전용면적(㎡)	계약일자	금액(천원)
거래사례	서울특별시 송파구 가락동 913	헬리오시티	4	84.95㎡	20221230	1,700,000
	서울특별시 송파구 가락동 913	헬리오시티	8	84.99㎡	20221227	1,670,000
부동산테크 (`23.1)	상한가(천원)		1,930,000	하한가(천원)		1,710,000

출처 : 국토교통부 부동산원 공시가격 알리미

　　이 자료는 서울 송파구에 있는 헬리오시티의 2023년 공동주택 공시가격 산정 기초자료다. 현재까지 우리나라에서 가장 큰 단지로 9,510세대다. 이 아파트의 모든 호실을 개별적으로 계산해서 공시지가를 정한다면 담당 공무원의 숫자가 얼마나 더 늘어야 할까? 공시지가 산정 기초자료에 보면 '가격참고자료'라고 해서 4층과 8층의 거래 가격이 기입되어 있다. 5층인 501호 가격을 매기는 데 4층과 8층의 가격을 비교했다.

□ 공시가격

소재지	단지명	동/호	전년가격(원)	금년가격(원)
서울특별시 송파구 가락동 913	헬리오시티	901호	1,540,000,000	1,105,000,000

□ 위치도 및 주변환경

위치도		주변 환경	
	교육시설	서울가락초,해누리중,잠실여고
	편익시설 (대형마트, 백화점 등)	-
	의료시설 (대형병원)	한솔병원
	행정시설 (관공서)	가락1동주민센터,석촌동주민센터, 문정2동주민센터
	교통시설 (지하철)	송파(8호선),석촌(8호선,9호선)(역)

□ 주택특성자료

	용도	용도지역	건물구조
단지특성	아파트	제3종일반주거지역	철근콘크리트구조
	사용승인연도	동수	세대수
	2018	84	9,510
	건폐율	용적률	전체 주차대수
	19.41%	285.98%	12,602
	최고/최저층수	공시면적 종류	
	35 / 1	39.1㎡, 39.12㎡, 39.17㎡, 39.86㎡, 49.19㎡, 49.21㎡, 49.29㎡, 49.32㎡, 59.96㎡, 84.94㎡, 84.95㎡, 84.96㎡, 84.97㎡, 84.98㎡, 84.99㎡, 99.6㎡, 110.44㎡, 110.66㎡, 130.06㎡, 150.07㎡ 외 2 건	
세대특성	공시면적	해당세대수	향
	84.96㎡	328	남

□ 가격참고자료

구분	소재지	단지명	층	전용면적(㎡)	계약일자	금액(천원)
거래사례	서울특별시 송파구 가락동 913	헬리오시티	4	84.95㎡	20221230	1,700,000
	서울특별시 송파구 가락동 913	헬리오시티	8	84.99㎡	20221227	1,670,000
부동산테크 (`23.1)		상한가(천원)		1,930,000	하한가(천원)	1,710,000

출처 : 국토교통부 부동산원 공시가격 알리미

901호의 공시가격은 501호보다 높다. 거래 사례는 501호 가격을 매길 때 적용한 4층과 8층이 활용되었다. 동일한 부동산은 없지만 유사한 부동산은 있기 때문에 비슷한 부동산끼리 가격을 비교해서 최종 가격이 결정된다.

경제적 인간

호모 에코노미쿠스(Homo Economicus), 사람은 경제적인 판단을 하고 이성적 인 선택을 하는 동물이다. 이 개념은 경제학의 전통적인 가정 중 하나로 사람은 최소한의 비용으로 최대 효용을 내기 위해 합리적인 선택을 한다는 가정을 바탕으로 한다. 우리는 인터넷 쇼핑을 할 때 최저가를 찾기 위해 오랜 시간 검색한다. 비록 몇 천 원짜리 상품이라도 최저가 검색을 하고, 몇 분 정도는 투자한다. 같은 물건이라면 싸게 사는 것이 합리적이기 때문에 우리는 이런 행동을 당연하게 생각한다.

여행 계획 세울 때를 떠올려보자. 정해진 예산과 여행 기간 내에서 최대한 많은 효용을 얻기 위해 이동 수단부터 숙소, 방문할 장소를 정할 것이다. 여행의 경험은 금전적으로 산출하기 어렵지만 잠재적인 이익을 고려해 여행 계획을 세울 것이다. 또한 마트에서 장을 볼 때 할인하는 상품에 눈이 먼저 가는 것 또한 최소한의 비용으로 최대한의 이익을 얻고자 하는 사람의 본성이 반영된 매우 자연스러운 행동이다.

사람의 이런 특성은 집을 살 때도 나타난다. 집을 사려고 준비한 자금 내에서 최대한 만족스러운 집을 매수하기 위해 네이버 부동산에서 수많은 매물을 검색하고, 부동산 관련 카페에서 정보를 얻는다. 그리고 발품을 통해 그 동네 인프라는 어떤지, 분위기는 어떤지 살핀다. 매물로 나온 집의 컨디션이 어떤지 꼼꼼하게 검토한다. 최대한의 효용을 얻고자 하는 행위들이다. 좋은 집을 찾았지만 아쉽게도 자금이 조금 부족할 수도 있다. 그러면 그다음 선택지를 검토한다. 물론 앞서 선택한 가장 좋은 집보다는 단점이 몇 가지 있을 것이다. 많은 사람들이 탁 트인 뷰를 갖고 싶지만 가격이 적당하다면 조망은 조금 포기할 수도 있다. 저층도 거래되는 이유다.

더 현실적인 예를 들어보자. 대기업에 다니는 박 과장은 열심히 회사에 다니며 5억 원을 모았다. 이 돈으로 집을 사려고 한다. 박 과장은 출퇴근에 소모하는 시간이 아깝다고 생각해 직장에서 가까운 곳에 집을 얻고 싶다. 회사에

20분 이내로 도착하는 아파트는 그 지역에서 대장 아파트로 불리며 시세가 7억 원이다. 30분 정도 걸리는 곳은 아파트 시세가 5억 원이다. 출근 10분, 퇴근 10분, 총 20분을 줄이기 위해 2억 원을 투자할 것인가 말 것인가 고민된다. 시세가 7억 원인 대장 아파트를 사려면 2억 원의 대출을 받아야 한다. 이자가 부담스럽다. 선뜻 결정하기 어렵다. 3년 후 아이가 초등학교에 입학한다. 대장 아파트 바로 옆에 초등학교가 있어 등하굣길이 안전해 보인다. 2억 원의 대출이 부담되지만 시간이 지나면 월급이 더 오를 것이고 이자를 감당할 수 있을 것 같다. 대장 아파트를 매수하기로 결정한다.

박 과장처럼 생각하는 사람이 늘어나면 대장 아파트는 7억 원에서 시세가 더 올라간다. 만약 이 아파트가 8억 원이 되었다면 출근하는 데 30분 걸리는 5억 원 아파트와 다른 조건에서 비교하게 된다. 대출이 2억 원에서 3억 원으로 늘었기 때문이다. 3억 원에 대한 대출 이자를 매달 낼 것인가, 아니면 출근 시간 10분을 포기할 것인가 고민하게 된다. 대장 아파트 시세가 7억 원이었을 때보다는 수요가 줄어들 것이다. 대출 금액이 2억 원에서 3억 원으로 늘어났기 때문이다. 대출 금리가 4.5%일 때 대출이 1억 원 늘어나면 한 달 이자가 375,000원이 증가한다. 평범한 직장인에게는 꽤 부담스러운 비용이다. 대출 이자에 대한 부담으로 5억 원인 아파트의 수요는 늘 것이다. 수요가 증가하면 가격이 오른다. 우리의 일상 생활에서 이루어지는 자연스러운 경제 활동이다.

경제적 인간은 매수하고자 하는 아파트 가격이 올라가면 비슷한 효용을 얻을 수 있는 대체제 아파트를 찾는다. 사람의 이런 특성으로 인해 상대적으로 비싼 대장 아파트의 가격이 먼저 오른 후, 대장 아파트와 비슷한 효용을 갖는 부대장 아파트의 시세가 따라서 오른다. 부동산 투자자들은 이런 현상을 '갭 메우기'라고 부른다. 장기적으로 보면 대장 아파트와 부대장 아파트의 시세는 일정 간격을 유지한다. 하지만 단기적으로 보면 대장 아파트의 시세가 올라 일정 간격 이상으로 오르고, 부대장 아파트의 시세와 간격(갭)이 크게 발생한다. 이 벌어진 갭을 부대장 아파트 시세가 올라서 채우는 것을 '갭 메우기'라는 용어로 부른다. 두 아파트 간 시세가 일정 비율을 유지하려는 현상이다. 지리적으로 가까운 아파트들 사이에서는 이런 일이 자주 발생한다. 하지만 시, 도 경계를 넘는 멀리 떨어진 아파트 간에도 이런 현상이 생기는데, '갭 메우기'라는 용어로는 원거리 아파트 간 시세가 일정 비율로 유지되려고 하는 현상을 설명하기 어렵다. 그래서 나는 '연결성'이라는 용어를 사용한다. 이 연결성은 최소한의 비용으로 최대 효용을 내려는 사람의 특성으로 인해 생기는 것이다.

연결성 실사례1
- 판교, 광교, 동탄2

앞서 매매지수 차트를 통해 지역별 흐름이 다르게 나타나는 것을 알 수 있었다. 근데 실제 내 집을 마련하거나 투자하게 될 때는 매매지수를 보는 게 아니라 가격이 중요하다. 그래서 이번에는 실제 세부 지역에서의 사례를 보면서 가격 흐름이 어떻게 나타나는지를 살펴보려고 한다. 이번 사례를 통해 앞에서 설명했던 연결성의 원리가 실제 현장에서 어떻게 보여지는지, 그리고 우리는 이 연결성을 집을 사고팔때 어떻게 활용할지를 알 수 있을 것이다.

자세히 설명할 지역으로는 판교신도시, 광교신도시, 동탄2신도시를 선택했다. 이들 지역은 경기 남부의 핵심 지역이고 연결성이 잘 보이는 대표적인 지역이다. 판교와 광교는 신분당선으로 연결되어 있고 판교와 동탄2는 아직 개통은 되지 않았지만 GTX-A로 연결되어 있다. 광교와 동탄2는 대표적인 2기 신도시로서 서로 대체 지역으로 여겨지고 있다. 서로 연결되어 있는 지역들끼리 시세의 흐름이 어떻게 이어져왔는지를 비교해보면서 분석해보자.

먼저 판교의 대장, 광교의 대장, 동탄2의 대장 아파트를 고르자. 판교는 푸르지오 그랑빌 아파트가 대장이다. 하지만 푸르지오 그랑빌은 중대형 평형대의 아파트기 때문에 동일한 기준에서 비교하기 위해 전용84가 있는 봇들마을 7단지로 선택했다. 광교에서는 광교중앙역에 딱 붙어 있는 자연앤힐스테이트를 선정했다. 동탄2의 현재 대장은 롯데캐슬 동탄역과 동탄역 더샵이지만 롯데캐슬은 입주한 지 얼마 되지 않았고, 동탄역 더샵은 세대수가 작아서 세대수가 많은 시범우남퍼스트빌을 선택했다.

판교, 광교, 동탄2의 대장 아파트

판교는 광교와 신분당선으로 연결되어 있다. 봇들마을7단지는 판교역세권 아파트고, 광교 자연앤힐스테이트는 광교중앙역세권 아파트다. 이렇게 교통으로 연결된 지역들이 연결성이 강한 특성을 가지고 있다. 판교와 동탄2는 현재 교통으로 연결되어 있지는 않지만 머지않아 개통될 GTX-A 노선으로 연결될 예정이다. 미래의 호재에 의해서도 연결성이 보여질 수 있다.

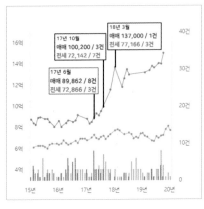

판교봇들마을7단지의 시세 변화

출처 : 아실 사이트

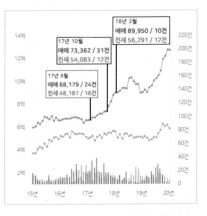

광교 자연앤힐스테이트의 시세 변화

출처 : 아실 사이트

먼저, 판교 봇들마을7단지와 광교 자연앤힐스테이트 두 개 단지의 시세 흐름부터 비교를 해보자. 봇들마을7단지는 2017년 6월 평균 매매 실거래가는 8억 9,000만 원이었고 자연앤힐스테이트는 6억 8,000만 원이었다. 두 개 단지는 2억 1,000만 원의 차이를 보이고 있다. 그러다가 2017년 10월 판교 봇들마을7단지는 평균 10억 원을 달성하게 된다. 4개월 만에 1억 1,000만 원 정도가 오른 것이다. 같은 기간 광교 자연앤힐스테이트는 약 5,000만 원 정도 상승했다. 광교도 상승은 했지만 판교의 절반 정도밖에 상승하지 않은 것을 볼 수 있다.

다음 5개월을 보자. 판교 봇들마을7단지는 10억 원에서 2018년 3월 13억 7,000만 원까지 쭉 상승하는 것을 볼 수 있다. 광교 자연앤힐스테이트도 2017년 10월 7억 3,000만 원에서 2018년 3월 8억 9,900만 원까지 갑자기 급등하는 것을 볼 수 있다. 판교는 2017년 6월 이후 상승 에너지를 계속해서 분출하고 있고, 광교는 2017년 10월부터 본격적으로 상승 에너지를 분출하고 있다. 여기에 투자 포인트가 있다. 판교 대장 아파트의 상승 흐름을 느꼈다면 광교 대장으로 가서 기다리고 있으면 상승 에너지를 받을 수 있다는 것이다. 그냥 내가 사고 싶은 지역만 보는 게 아니라 연결되어 있는 지역들의 흐름들을 보고 있어야 기회를 잡을 수 있다.

일시	판교 봇들마을7단지		차이	비율 (%)	광교 자연앤힐스테이트	
	매매가	상승액			매매가	상승액
2017. 06	8억 9,800만 원	–	2억 1,700만 원	76%	6억 8,100만 원	–
2017. 10	10억 200만 원	1억 400만 원	2억 6,900만 원	73%	7억 3,300만 원	5,200만 원
2018. 03	13억 7,000만 원	3억 6,800만 원	4억 7,100만 원	66%	8억 9,900만 원	1억 6,600만 원
2018. 09	13억 원	–7,0000만 원	2억 7,400만 원	79%	10억 2,600만 원	1억 2,700만 원

표로 보면 조금 더 확연하다. 2017년 6월 판교 봇들마을7단지와 광교 자연앤힐스테이트의 가격 비율은 76%이다(판교 8억 9,800만 원, 광교 6억 8,100만 원). 그리고 2017년 10월 73%로 조금 더 벌어지는 것을 볼 수 있다. 그런데 2018년 3월의 비율은 66%까지 떨어지게 된다. 광교도 이 기간에 본격적으로 상승하기 시작했지만 판교의 상승 에너지가 훨씬 더 강했기 때문이다. 두 단지의 차이가 훨씬 더 벌어지는 구간이다. 그런데 2018년 3월까지 미친듯이 올랐던 판교 봇들마을7단지는 그 이후로 멈춰 있다. 그리고 2018년 9월에 실거래가는 13억 원이다. 그에 반해 광교 자연앤힐스테이트는 계속 오르는 것을 볼 수 있다. 판교가 멈춰 있는 기간에도 광교는 뒤늦게 상승 에너지를 보여주고 있다. 그리고 2018년 9월 두 단지의 비율은 79%까지 오르는 것을 볼 수 있다. 2017년 6월 이후로 판교의 상승을 눈치챘을 때 광교로 미리 가서 기다릴 수도 있고, 2018년 3월쯤 광교가 이미 상승하기는 했지만 판교의 더 가파른 상승 에너지를 보고 광교가 더 달리기 전에 올라탈 수 있는 기회가 있었다는 것이다. 이렇게 지역들과 단지들이 서로 벌어지고 좁혀지면서 여러 기회가 발생한다.

판교 봇들마을7단지와 광교 자연앤힐스테이트의 시세 흐름 비교

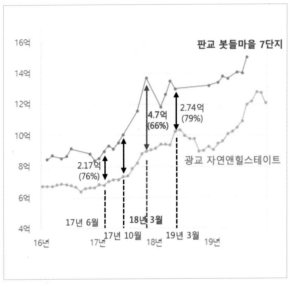

출처 : 아실 사이트

그렇다면 판교와 광교만 이런 흐름을 보이는 것일까? 이번에는 판교와 동탄의 흐름을 비교해보자. 판교 봇들마을7단지와 동탄2 시범우남퍼스트빌의 가격 그래프를 보면 2017년 6월에서 2017년 10월까지 판교가 1억 원 정도 상승할때 동탄2 시범우남퍼스트빌은 시세 변화가 전혀 없는 것을 볼 수 있다. 판교는 상승하기 시작했는데 동탄2에는 에너지가 아직 전달되지 않은 것이다. 2017년 10월부터 2018년 3월까지 판교가 미친듯이 상승하는 그 기간에 드디어 동탄2 시범우남퍼스트빌도 상승하기 시작한다. 2017년 10월 5억 6,000만 원이었던 가격이 2018년 3월 7억 1,000만 원까지 급등하게 된다. 여기서도 비슷한 양상을 보이기 때문에, 판교의 상승을 캐치했다면 광교뿐만 아니라 동탄2에 미리 가서 집을 샀다면 더 싼 가격에 집을 장만할 수 있었다. 그것도 상승 직전에 말이다.

판교봇들마을7단지의 시세 변화	동탄2 시범우남퍼스트빌의 시세 변화

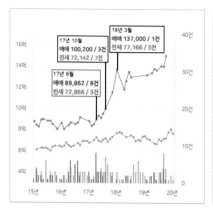

출처 : 아실 사이트   출처 : 아실 사이트

판교와 동탄2의 가격 비율을 보면 2017년 6월 63%의 비율을 보이고 있다. 그리고 2017년 10월 판교는 상승하고 동탄2는 정체되면서 가격의 비율은 56%로 벌어지게 된다. 그 뒤 동탄2도 상승하면서 5억 6,200만 원에서 7억 1,000만 원까지 오르게 되지만 판교는 더 많이 오르면서 두 단지의 비율은 52%까지 낮아진다. 그렇다. 이렇게 상급지가 한번 오르면 하급지의 단지가 뒤늦게 오르기 시작하더라도 그 차이는 더 많이 벌어지게 된다. 2018년 3월 이후 판교의 에너지는 다하지만, 동탄2는 여전히 에너지를 발산하면서 두 단지의 비율은 59%로 가격 차이가 좁혀졌다.

일시	판교 봇들마을7단지		차이	비율 (%)	동탄2 시범우남퍼스트빌	
	매매가	상승액			매매가	상승액
2017. 06	8억 9,800만 원	–	3억 2,900만 원	63%	5억 6,900만 원	–
2017. 10	10억 200만 원	1억 400만 원	4억 4,000만 원	56%	5억 6,200만 원	700만 원
2018. 03	13억 7,000만 원	3억 6,800만 원	6억 6,000만 원	52%	7억 1,000만 원	1억 4,800만 원
2018. 09	13억 원	-7,0000만 원	5억 3,800만 원	59%	7억 6,200만 원	5,200만 원

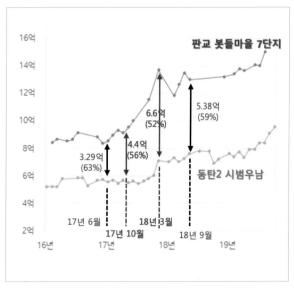

판교 봇들마을 7단지와 동탄2 시범우남의 시세 흐름 비교

출처 : 아실 사이트

    이렇게 지역 간에는 연결성이 존재한다. 모든 지역이 동시에 오르는 것 같지만 사실 나눠서 들여다 보면 흐름은 다르게 움직인다. 그리고 그 흐름 속에는 시차가 존재하게 되고 싸게 살 수 있는 투자의 기회가 생기게 된다. 오래 묵혀두어야 하는 게 아니라 이제 곧 에너지를 받을 수 있는 지역을 고를 수 있다는 것이다.

    그렇다면 이런 연결성은 지역 간에만 생기는 것일까? 지역 내 단지들 사이에서는 나타날까? 광교 신도시의 대장 아파트인 광교 자연앤힐스테이트, 그리고 직선거리 2.1km 떨어진 곳에 위치한 광교 신도시의 웰빙타운 호반베르디움 단지를 선정해, 두 단지의 시세 흐름을 비교해보자.

광교의 대장 아파트 자연앤힐스테이트와 웰빙타운 호반베르디움

출처 : 네이버지도, 저자 작성

광교 자연앤힐스테이의 시세 변화

출처 : 아실 사이트

광교 웰빙타운 호반베르디움의 시세 변화

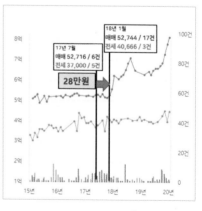

출처 : 아실 사이트

2017년 7월 7억 317만 원이었던 광교 자연앤힐스테이트는 슬금슬금 상승하더니 2018년 1월 8억 2,358만 원으로 6개월 사이에 약 1억 2,000만 원이 상승했다. 그런데 같은 광교 내에 있는 광교 웰빙타운 호반베르디움은 2017

년 7월 5억 2,716만 원에서 2018년 1월 5억 2,744만 원으로 딱 28만 원 올랐다. 거의 같은 가격으로 거래가 되었다고 보면 된다. 그리고 2018년 1월 이후 광교 웰빙타운 호반베르디움 단지는 급격하게 상승하기 시작하더니 2달 만에 6억 원을 돌파하게 된다.

광교의 대장 아파트 자연앤힐스테이트가 슬금슬금 오르는 걸 눈치 채고 광교 웰빙타운 호반베르디움으로 달려갔다면 오르기 직전의 가격으로 싸게 살 수 있었을 것이다. 그래프상으로는 짧은 시간 같지만 무려 6개월의 시간 동안 가격이 그대로였기 때문에 손품, 발품을 충분히 팔 수 있는 시간이었다. 그리고 발품을 잘 팔았다면 급매를 잡아서 5억 2,000만 원보다 더 싸게 살 수 있었을지도 모른다. 그렇다면 2017년 말고 다른 기간에도 같은 현상이 나타났을까 하는 의문이 들 수 있다. 그다음 상승을 살펴보자.

광교 자연앤힐스테이의 2018~2020년 시세 변화

출처 : 아실 사이트

광교 웰빙타운 호반베르디움의 2018~2020년 시세 변화

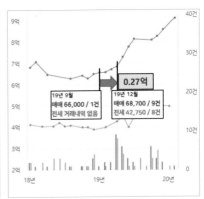

출처 : 아실 사이트

2019년 9월 광교 자연앤힐스테이트는 10억 2,600만 원을 찍었고, 2019년 12월 11억 9,800만 원이 되면서 3개월 사이에 약 1억 7,000만 원이나 상승했

다. 그런데 같은 기간 광교 웰빙타운 호반베르디움은 2019년 9월 6억 6,000만 원에서 2019년 12월 6억 8,700만 원으로 2,700만 원밖에 상승하지 않았다. 그리고 12월 이후 급등하면서 2~3개월 뒤에는 8억 원 이상의 가격에 거래되었다. 이때도 광교 자연앤힐스테이트의 상승을 보고 바로 광교 웰빙타운 호반베르디움으로 뛰어갔다면 오르기 직전에 싸게 살 수 있는 기회를 잡았을 것이다. 그렇다면 광교만 그런 거 아닌가 하는 의문이 들지도 모른다. 이번에는 아까 봤던 동탄2신도시로 다시 가보자.

동탄의 대장 아파트 시범우남퍼스트빌과 센트럴푸르지오

비교단지로 동탄2의 대장 아파트 중 하나인 시범우남퍼스트빌과 직선거리로 1.5km 정도 떨어져 있는 동탄역 센트럴 푸르지오를 선택했다. 동탄역 센트럴 푸르지오는 동탄2의 시범단지는 아니지만 시범단지들과 불과 한 블록 떨어져 있고, 초등학교를 품고 있는 대단지 아파트라서 인기가 많다. 이 두 단지의 시세 흐름을 비교해보자.

동탄2 시범우남퍼스트빌의 시세 변화   동탄2 센트럴 푸르지오의 시세 변화

 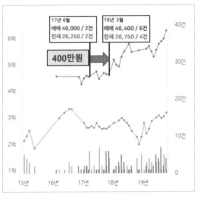

출처 : 아실 사이트   출처 : 아실 사이트

2017년 6월 동탄2 시범우남퍼스트필 단지는 5억 6,900만 원이었는데
2018년 3월 7억 1,000만 원으로 껑충 뛰었다. 약 1억 4,000만 원이 올랐다.
같은 기간 동탄역 센트럴 푸르지오는 2017년 6월 4억 6,000만 원이었는데
2018년 3월에도 여전히 4억 6,400만 원이다. 평균 가격으로 400만 원 올랐
다. 동탄2의 대장 아파트는 급격하게 상승해 1억 4,000만 원이나 올랐는데도

동탄2 시범우남퍼스트빌의   동탄2 센트럴 푸르지오의
2018~2020년 시세 변화   2018~2020년 시세 변화

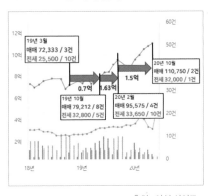 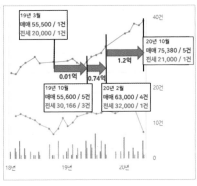

출처 : 아실 사이트   출처 : 아실 사이트

동탄역 센트럴 푸르지오는 같은 가격에 거래되었다. 그리고 그래프를 보면 그 뒤로 갑자기 상승하기 시작해 5억 원을 돌파해 6억 원 가까이 올라간 것을 볼 수 있다.

그리고 2019년 3월 시범우남은 7억 2,000만 원에서 2019년 10월 7억 9,000만 원으로 7,000만 원 상승했고, 2020년 2월에는 9억 5,000만 원까지 단숨에 1억 6,300만 원이 올랐다. 3월에서 10월까지 7개월 동안 슬금슬금 오르다가 10월 이후로 급등한 가격을 볼 수 있다. 같은 기간 센트럴 푸르지오는 어떻게 되었을까? 2019년 3월 5억 5,500만 원이었던 가격이 2019년 10월 5억 5,600만 원으로 100만 원 올랐다. 시범우남퍼스트빌이 7,000만 원 오르는 동안 센트럴푸르지오는 하나도 오르지 않았다. 그리고 그 뒤로 슬금슬금 오르더니 2020년 2월 6억 3,000만 원을 찍으면서 그제서야 7,400만 원이 올랐다. 시범우남퍼스트빌은 1억 6,300만 원이나 급등했지만 센트럴푸르지오는 상승률이 시범우남퍼스트빌에 미치지 못했다.

이것을 보면 무엇을 생각해볼 수 있을까? 동탄2 안에서도 대장 아파트의 상승을 미리 캐치했다면 우리는 입지가 조금 떨어진 곳에 달려가 기회를 잡을 수 있었다. 상승 에너지가 전달되는 데는 시차가 있기 때문이다. 대장 아파트라고 해서 혼자만 오르는 게 아니고 이 에너지는 결국 전달된다는 점에 주목해야 한다. 반 발만 미리 가서 기다렸다면 좋은 기회를 잡을 수 있었다. 한 번의 기회만 있었던 것이 아니다. 앞에서 본 것처럼 여러 번의 기회가 있었다. 가격이 움직이는 흐름만 보고 있었다면 말이다.

오르는 것을 보면 인간의 본성상 오르는 것을 사고 싶어 하는 심리가 있다. 오르는 것을 보면 계속 오를 것 같은 기대감이 생기고, 가격이 정체되면 계속 정체될 것 같은 불안감이 든다. 하지만 그런 인간의 심리를 깰 수 있다면 우리는 무한한 기회를 잡을 수 있다. 그런데 이런 생각이 들 수도 있을 것이다. 판교, 광교, 동탄만 그런 게 아닐까? 신도시라서 그런 게 아닐까? 수도권이라서 그런 게 아닐까? 새 아파트라서 그런 게 아닐까? 아니다. 이후에 더 많은 사례를 살펴보자.

연결성 실사례2
- 수원

앞서 각 지역별 대장 아파트 간 연결성에 대해 알아보았다. 이번 챕터에서는 지역 내 대장 아파트와 연결성을 갖는 아파트에 대해 실사례를 통해 알아보자. 첫 번째 소개할 지역은 수원이다. 수원의 인구는 120만 명이 넘는다. 광역시급 인구가 거주한다. 경기도 내에서 가장 많은 사람이 사는 곳이다. 반면, 면적은 경기도의 31개 시, 군 중에서 20위다. 좁은 면적에 많은 사람이 사는 도시다. 광역시를 제외한 시도자치단체별 인구 밀도로는 부천시 다음으로 높아 2위에 해당한다. '연결성'을 작동시키는 여러 요소 중 물리적 거리도 중요하기 때문에 인구 밀도가 높으면 연결성이 더욱 강하게 나타나는 특징이 있다. 이런 점에서 수원은 연결성을 접목시켜 투자하기 좋은 지역이라고 할 수 있다.

수원에서 가장 선호되는 지역은 광교 신도시다. 원천 호수와 신대 호수, 2개의 큰 호수를 품고 있어 자연 환경이 매우 우수하다. 또한 백화점과 여러 쇼핑몰이 위치해 있어 인프라가 잘 갖춰져 있다. 서울 접근성도 좋다. 신분당선을 통해 강남까지 환승 없이 지하철로 도달 가능하다. 이런 이유로 수원 내에서 광교 아파트의 시세는 광교 이외 아파트와 큰 차이가 있다. 광교 신도시 인근에 삼성전자의 본사가 위치해 있다는 점도 광교 아파트 가격에 큰 영향을 준다.

광교 신도시를 제외하고 인기 있는 지역 중 한 곳은 영통지구다. 광교 신도시가 생기기 전에는 수원에서 가장 선호되는 지역이었다. 삼성전자라는 고소득 직장이 인근에 있어 직주근접이 가능한 곳이며, 중학교 학군이 좋아 학부모들에게도 꽤 인기가 있는 주거지다. 또한 인근에 대형마트와 영화관 등이 다수 있을 만큼 상권도 발달해 있어 생활 여건이 뛰어나다. 거주 인구가 많은 만큼 서울로 가는 다수의 광역버스가 정차하기 때문에 서울 접근성도 나쁘지 않다. 다만 지어진 지 20년이 넘은 아파트들이 대다수다 보니 지하주차장과 커뮤니티 시설이 없어 예전보다는 인기가 떨어졌다.

영통지구의 아쉬움을 해소해주는 지역으로 망포지구가 있다. 영통지구에서 그리 멀지 않고 신축 아파트가 많이 들어섰기 때문이다. 망포지구에서 가장 선호되는 아파트는 힐스테이트영통이다. 2017년에 지어진 신축이다. 2,000세대가 넘는 대단지라 커뮤니티 시설 또한 잘 갖춰져 있다. 수인분당선 망포역을 도보로 이용 가능하고, 편도 2차로 건너에 초등학교가 위치해 있다는 점도 선호도를 높이는 요인이다. 입주 2년 차가 되는 2019년부터 실거래가를 살펴보면 광교 신도시의 대단지인 자연앤힐스테이트가 2019년 상반기에 상승한 반면, 힐스테이트영통은 하반기부터 상승했음을 알 수 있다. 광교 신도시와는 시차가 존재한다.

힐스테이트영통과 비교할 아

수원시 영통구 자연앤힐스테이트와
힐스테이트영통 아파트 가격 비교

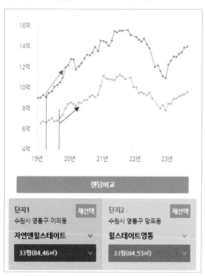

출처 : 아실 사이트

파트는 직선거리로 1.5km 떨어진 수원아이파크시티2단지. 행정구역상으로는 수원 권선구에 속해 있으나 영통구에 인접해 있어 영통구 아파트 시세 변화에 크게 영향을 받는 아파트다. 2012년에 지어졌으며 중대형 평형 위주로 구성되어 있어 단지가 쾌적한 편이다. 특히 세대당 1.5대의 지하주차장을 갖추고 있어 주차가 매우 편리한 장점이 있다. 삼성전자 인근에 위치해 있어 직

수원시의 힐스테이트영통과 아이파크시티2단지 시세 비교

출처 : 아실 사이트

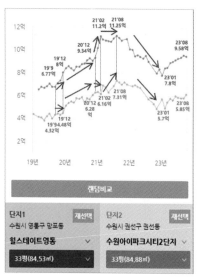

출처 : 아실 사이트

	힐스테이트영통				아이파크시티2단지		
일시	변동 비율	변동가격	가격	아파트 간 시세 비율	변동 비율	변동가격	가격
2019.09	–	–	6억 7,700만 원	64%	–	–	4억 3,200만 원
2019.12	18%	1억 2,300만 원	8억 원	56%	4%	1,600만 원	4억 4,800만 원
2020.12	17%	1억 3,400만 원	9억 3,400만 원	67%	40%	1억 8,000만 원	6억 2,800만 원
2021.02	20%	1억 8,600만 원	11억 2,000만 원	55%	-2%	-1,200만 원	6억 1,600만 원
2021.08	0%	500만 원	11억 2,500만 원	65%	19%	1억 1,500만 원	7억 3,100만 원
2023.01	-31%	-3억 4,500만 원	7억 8,000만 원	74%	-21%	-1억 5,600만 원	5억7,500만 원
2023.08	23%	1억 7,800만	9억 5,800만 원	61%	2%	1,000만 원	5억 8,500만 원

주근접이 가능하다는 장점도 있다. 단지 앞 덕영대로라는 큰 도로에는 많은 버스가 다녀 이동이 편리하다. 다만 상권에서 아쉬운 점이 있다. 주변에 수원 아이파크시티 여러 단지들이 많은 세대수를 이루고 있음에도 불구하고 상권이 발달하지 못했다. 덕영대로를 접하는 곳에 수원 아이파크시티 8, 9단지가 2017년에 주상복합으로 지어지며 상가가 다수 들어오기는 했으나 여전히 아쉬움이 있다. 이런 특장점이 있는 두 아파트의 시세가 어떻게 연결성을 갖고 움직이는지 살펴보자.

수원의 힐스테이트영통과 수원아이파크시티2단지

출처 : 네이버지도 , 저자 작성

힐스테이트영통은 앞서 언급한 것처럼 2019년 하반기부터 상승했다. 정확하게는 2019년 9월이 본격적인 상승의 시작 시점이다. 3개월 만에 무려 1억 2,000만 원 정도 올랐다. 단기간에 무려 18%나 상승했다. 힐스테이트영통이 가파르게 상승하던 3개월간 수원아이파크시티2단지는 상승이 미미했다. 상승 폭이 약 1,600만 원으로 4% 수준에 불과했다. 수원아이파크시티2단지의 시세는 2019년 9월에 힐스테이트영통 시세의 약 64%였으나 2019년 12월에는 56%로 가격 차이가 크게 벌어졌다. 2019년 12월부터 수원아이파크시티2단지는 시세 간격을 만회하기 시작한다. 힐스테이트영통도 2019년 12월 이후로 꾸준히 상승해 1년 후인 2020년 12월에는 9억 3,500만 원까지 올랐다. 1년간 1억 3,500만 원이 올라 상승률은 약 17%였다.

반면, 수원아이파크시티2단지는 같은 기간 동안 약 40%가 올랐다. 4억 4,800만 원에서 1억 8,000만 원이 올라 6억 2,800만 원이 되었다. 2019년 12월에는 힐스테이트영통 시세의 56%였으나 1년이 지나 67%가 되었다. 2019년 9월에는 힐스테이트영통 시세의 64%였으니 다시 비슷한 비율로 복귀한 것이다. 2020년 12월부터는 다시 힐스테이트영통이 격차를 키웠다. 당시 뉴스에서 많이 언급되던 영끌족의 매수가 활발하던 시기다. 신축의 시세가 가파르게 올랐다. 2개월간 무려 1억 8,500만 원이 올랐다. 20%가 급등했다.

반면, 수원아이파크시티2단지는 해당 기간 동안 횡보했다. 힐스테이트영통 시세의 55% 정도로 내려왔다. 간격이 커졌다. 6개월이 지난 2021년 8월에는 다시 63%까지 올라왔다. 다시 격차를 회복한 것이다. 힐스테이트영통이 횡보하는 동안 수원아이파크시티2단지는 꾸준히 올랐기 때문이다. 6개월간 9,600만 원이 올랐고, 상승률은 16%였다.

상대적으로 선호도가 높은 아파트의 시세가 먼저 상승하고, 시차를 두고 다음 선호되는 아파트가 따라서 상승하는 형태다. 두 아파트 간 시세가 일정 비율 이상 벌어지면 하급지 아파트의 시세가 올라 다시 그 비율을 맞춘다. 장기적인 흐름으로 보면 두 아파트 간 시세 비율은 큰 차이가 없음을 알 수 있다. 일시적으로 간극이 커질 뿐이다.

하락할 때도 그 패턴은 반복된다. 2022년부터 부동산 시장이 급격하게 냉각되었다. 가파르게 상승한 주택 가격과 더불어 기준 금리 급등이 큰 영향을 주었다. 두 아파트도 2022년부터 꾸준히 하락했다. 1년이 지난 2023년 1월에는 힐스테이트영통이 7억 8,000만 원, 수원아이파크시티2단지는 5억 7,500만 원이 되었다. 힐스테이트영통은 고점 대비 31%가 하락했고, 수원아이파크시티2단지는 19%가 하락했다. 수원아이파크시티2단지가 힐스테이트영통 시세의 74%가 되었다. 이전에는 63~67% 정도였던 점을 감안하면 간극이 좁아진 것이다. 7개월이 지난 후 다시 62%가 되었고, 힐스테이트영통이 1억 5,700만 원 올라 20% 상승했다. 같은 시기 수원아이파크시티2단지는 800만 원이 올라서 1% 상승에 그쳤다. 2019년 9월부터 2023년 8월까지 약 4년간 수원아이파크시티2단지는 힐스테이트영통의 64%에서 시작해서 55%까지 간격이 벌어졌다가 하락장 때 74%까지 좁혀진 후 현재는 62% 비율이 되었다.

연결성 실사례3
┗ 파주

파주시는 경기도 서쪽에서 최북단에 위치해 있다. 북한과 맞닿아 있다. 이런 이유로 심리적으로 멀게 느껴진다. 서울 중심에서 이렇게 멀리 떨어진 경기도 외곽도 '연결성'이 작동할까 하는 의구심이 생길 수 있다. 하지만 2기 신도시인 운정신도시만 보자면 멀게 느껴지지도 않는다. 일산에서 운정신도시까지 차로 5분 정도면 도달할 수 있다. 경의중앙선 일산역에서 두 정거장만 이동하면 야당역이고, 그곳에서부터 운정신도시가 시작한다.

운정신도시는 20만 명이 거주하는 계획으로 설계되었다. 아직 많은 아파트가 지어지고 있어 인구는 더 늘어날 전망이다. 상권은 더 발달할 것이며 거주 여건은 더 좋아질 것으로 기대한다. 운정신도시의 대부분 도로는 곡선이다. 곡선 도로는 시선을 한곳에 머무르게 하지 않는다. 곡선을 따라 계속 풍경이 변한다. 덕분에 높은 아파트가 많아도 쾌적한 느낌이 든다. 특히 운정호수 주변 아파트는 호수 전망까지 더해져 한번 본 사람은 그 매력에서 빠져나오기 어려울 정도다. 하지만 연식이 아쉽다. 2009년에서 2012년까지 입주한 아파트가 대부분이어서 이 정도면 준신축이라고 볼 수 있지만, 운정신도시에 신축 아파트가 많다 보니 상대적으로 구축에 속한다. 그중 2014년에 지어진 해솔마을롯데캐슬7단지(이하 롯데캐슬7단지)는 2014년에 지어져서 운정 호수 주변 아파트들 중에서 가장 젊은 편에 속한다. 가격도 높은 편이다. 1,880세대의 대단지라는 점, 주차 대수가 1.61대라는 장점도 가격에 반영되었을 것이다. 이 아파트와 비교할 아파트는 힐스테이트운정이다. 2,998세대 대단지고, 2018년 7월에 준공되었다. 건폐율이 14%밖에 되지 않아 상당히 쾌적하다. 힐스테이트 브랜드를 가진 초등학교를 품은 아파트 일명 '초품아'라서 어린 자녀를 둔 학부모에게 인기가 좋다. 중심 상권 인근에 있어서 생활편의시설이 잘 갖춰져 있다.

힐스테이트운정이 입주한 지 1년이 조금 넘은 2019년 11월을 기준으로 두 아파트의 가격을 비교해보자. 힐스테이트운정의 실거래가 평균은 5억 1,900만 원이다. 롯데캐슬7단지는 4억 2,700만 원으로 힐스테이트운정 시세의 82%다. 이후 힐스테이트운정의 가격은 급등한다. 2020년 8월에는 6억 4,300만 원이 되었다. 9개월 만에 무려 24%가 상승했다. 같은 기간 동안 롯데캐슬7단지는 상승이 거의 없었다. 4억 3,300만 원으로 600만 원 오르는 것에 그쳤다. 1%밖에 오르지 못했다. 힐스테이트운정 시세의 67%가 되었다. 가격 차이가 많이 벌어졌다.

힐스테이트운정은 상승세를 이어간다. 3개월이 지난 2020년 11월, 1억 3,900만 원이 오른 7억 8,200만 원이 되었다. 3개월 동안 22%가 올랐다. 이전 9개월간 24% 오른 것을 감안하면 급등세에 놀라지 않을 수 없다. 롯데캐슬7단지도 상승 페이스를 맞춘다. 3개월간 24%가 상승했다. 1억 300만 원이 올라 5억 3,600만 원이 되었다. 힐스테이트운정 가격의 69%가 되었다. 벌어진 간격을 조금 만회했다.

두 아파트 모두 이후로도 상승했다. 2021년 9월, 힐스테이트운정은 8억 6,600만 원이 되었다. 10개월간 11%가 올랐다. 롯데캐슬7단지의 상승률이 더 높았다. 18% 가 상승해 6억 3,000만 원이 되었다. 힐스테이트운정의 73%에

파주의 힐스테이트운정과 해솔마을롯데캐슬7단지의 시세 비교

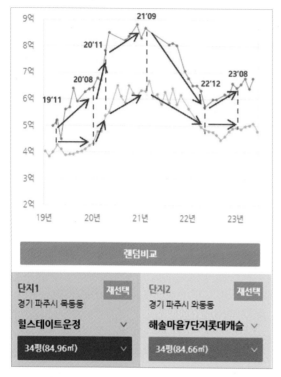

출처 : 아실 사이트

	힐스테이트운정				해솔마을 롯데캐슬7단지		
일시	변동비율	변동가격	가격	아파트 간 시세 비율	변동비율	변동가격	가격
2019.11	–	–	5억 1,900만 원	82%	–	–	4억 2,700만 원
2020.08	24%	1억 2,400만 원	6억 4,300만 원	67%	1%	600만 원	4억 3,300만 원
2020.11	22%	1억 3,900만 원	7억 8,200만 원	69%	24%	1억 300만 원	5억 3,600만 원
2021.09	11%	8,400만 원	8억 6,600만 원	73%	18%	9,400만 원	6억 3,000만 원
2022.12	-34%	-2억 9,600만 원	5억 7,000만 원	85%	-23%	-1억 4,500만 원	4억 8,500만 원
2023.08	12%	7,000만	6억 4,000만 원	77%	2%	800만 원	4억9,300만 원

달하는 가격으로 벌어진 간극을 좁혔다. 그러다가 2022년 초부터 하락했다. 2022년 12월에는 4억 8,500만 원이 되었다. 1년 3개월 만에 23%가 떨어졌다. 힐스테이트운정은 더 큰 폭으로 하락했다. 무려 34%가 떨어졌다. 5억 7,000만 원이다. 롯데캐슬7단지의 가격은 힐스테이트운정의 85%가 되었다. 힐스테이트운정이 본격적으로 상승하기 직전인 2019년 11월, 이 아파트 가격의 82%였으나 간격이 더 좁아졌다. 그 이후 가격은 다시 벌어졌다. 힐스테이트운정이 반등했기 때문이다. 8개월간 힐스테이트운정은 12% 올라 6억 4,000만 원이 되었다. 반면 롯데캐슬7단지는 2% 오르는 데 그쳤다. 힐스테이트운정 시세의 77% 정도 되는 4억 9,300만 원에 거래되었다. 롯데캐슬7단지가 조금 더 상승해 힐스테이트운정 시세의 80% 수준에 도달할 것이라고 예상한다.

실거래가 차트로 보면 힐스테이트운정이 롯데캐슬보다 빠르게 반등하는 것처럼 보인다. 더 많이 떨어졌기 때문이다. 가격이 내려가면 더 많은 수요가 생긴다. 경제학의 기본이다. 2022년 12월에 5억 7,000만 원의 예산으로 힐스테이트운정을 매수하려는 사람이 2명 있었다고 해보자. 해당 가격의 매물은 하나밖에 없다. 1명이 먼저 매수했다. 남은 1명은 두 가지의 선택지가 생긴다. 첫 번째는 5억 7,000만 원의 매물이 나올 때까지 기다리는 것이고, 두 번째는 대체제를 찾는 것이다. 입주를 해야 하는 시점이 정해져 있다면 첫 번째 선택지는 시간의 한계를 갖는다. 자가 주택에 살고 있는 사람이라면 시간 제약에서는 자유롭다. 살고 있는 집에 거주하며 원하는 가격의 매물을 기다릴 수 있기 때문이다. 하지만 다수의 수요자는 입주 시점이 정해진다. 임대로 살고 있다면 임대 계약 만료일이 입주와 맞아야 하고, 신혼부부라면 입주 시점을 결혼 날짜와 맞춰야 한다. 즉, 대체제를 찾아야 하는 수요가 더 많다. 대체제 중 하나가 롯데캐슬7단지가 될 수 있을 것이다. 5억 7,000만 원의 가용자산 중 5억 원은 주택 매수에 사용하고 남은 7,000만 원은 예금을 해놓는 방법이 있다. 물론 남은 돈으로 투자를 할 수도 있을 것이다. 이런 결정이 낯설지 않을 것이다. 우리 모두에게 해당되는 일이다. 이런 이유로 힐스테이트운정의 시세가 오르면 대체제인 롯데캐슬7단지도 시차를 두고 오르는 것이다.

파주 운정의 롯데캐슬과 힐스테이트운정

출처 : 네이버지도, 저자 작성

연결성 실사례4
- 부산

    수도권만 연결성이 발생하는 것이 아니다. 전국 거의 모든 지역에서 연결성이 존재한다. 부산광역시 사례로 확인해보자. 부산광역시는 인구가 340만 명이 넘는 우리나라 2대 도시다. 인천광역시가 약 290만 명이고, 대구광역시가 250만 명이 안 되는 점을 감안하면 수도권을 제외하면 압도적으로 큰 도시임을 알 수 있다. 부산광역시에서 가장 선호되는 지역은 해운대구와 수영구다. 두 지역 모두 부산의 동쪽에 위치해 있고, 바다와 접해 있다는 공통점이 있다. 그다음 선호하는 지역은 동래구다. 학부모들이 선호하는 학군지다. 재개발이 활발히 진행되고 있어 향후 더 좋아질 지역이다. 연결성 사례로 살펴볼 금정구는 부산의 중심에서 상대적으로 벗어나 있어 아주 선호되는 지역은 아니다. 하지만 금정구 중에서도 동래구와 인접한 아파트는 동래구만큼 인기가 있다. 아파트 시세가 인기도를 증명한다.

    부산 금정구의 래미안장전은 장전3구역 재개발로 2017년에 지어진 아파트다. 1,938세대의 대단지로 분양 당시부터 청약 경쟁률이 높아 인기를 보여주었다. 부산(富山)이라는 지역 명에서 알 수 있듯이 부산에는 크고 작은 산이 많다. 해운대구와 수영구를 제외하면 대부분의 주거지가 산과 산 사이에 형성되어 있거나 언덕에 위치해 있다. 평지에 있는 주거지가 드물다. 래미안장전은 단지 전체가 평지다. 이런 점도 사람들이 선호하는 큰 이유다. 부산 1호선인 부산대역과 온천장역을 도보로 이용할 수 있는 장점이 있고, 부산대학교 앞 거대 상권을 도보로 이용할 수 있는 이점이 있다. 생활 여건이 매우 좋다. 동래구에 신축 아파트가 들어오기 전까지 부산 내륙의 대장 아파트로 불리었다. 래미안장전과 비교할 아파트는 도보로 5분 정도 떨어진 곳에 위치한 장전동 금정산SK뷰아파트(이하 금정산SK뷰)다. 2010년에 지어진 아파트로 1,306세대의 대단지로 래미안장전이 완전 평지인데 반해 완만한 언덕에 위치해 있다. 연식, 위치, 모두 래미안장전에 비해 부족하다. 다만 '초품아'라는 장점이 있어 어린 자녀가 있는 부모들이 선호하는 아파트다.

부산 금정구의 래미안장전과 금정산SK뷰 아파트

출처 : 네이버지도, 저자 작성

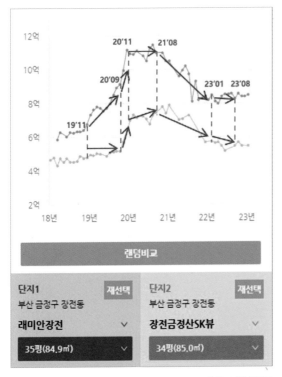

부산 금정구의 래미안장전과 금정산SK뷰의 시세 비교

출처 : 아실 사이트

	래미안장전				금정산SK뷰		
일시	변동 비율	변동가격	가격	아파트 간 시세 비율	변동 비율	변동가격	가격
2019.11	–	–	6억 7,600만 원	71%	–	–	4억 8,100만 원
2020.09	35%	2억 3,800만 원	9억 1,400만 원	57%	7%	3,600만 원	5억 1,700만 원
2020.11	22%	1억 9,900만 원	11억 1,300만 원	57%	23%	1억 2,000만 원	6억 3,700만 원
2021.08	0%	−300만 원	11억 1,000만 원	67%	17%	1억 800만 원	7억 4,500만 원
2023.01	-23%	−2억 6,000만 원	8억 5,000만 원	68%	-23%	−1억 7,100만 원	5억 7,400만 원
2023.08	-3%	−2,600만	8억 2,400만 원	64%	-8%	4,400만 원	5억 300만 원

2019년 11월 래미안장전의 평균 실거래가는 6억 7,600만 원이고 금정산 SK뷰는 4억 8,100만 원이다. 금정산SK뷰의 시세가 래미안장전의 약 71%다. 래미안장전이 2019년 초부터 완만하게 상승했으나 본격적인 상승은 2019년 11월부터다. 2017년 9월에 입주했기 때문에 입주 2년 차 매물들을 소화하고 본격적으로 상승하기 시작한 것이다. 차트에서 확인할 수 있는 것처럼 래미안 장전의 상승은 폭등이라고 부를 만하다. 11개월 만에 3억 2,000만 원이 올라 9억 9,700만 원이 되었다. 1년이 채 안 되는 기간 동안 47%가 상승했다.

금정산SK뷰도 적지 않은 상승을 했다. 20%인 9,400만 원이 올라 5억 7,500만 원이 되었다. 하지만 래미안장전의 급등을 따라가지는 못했다. 래미안장전 시세의 58% 정도다. 래미안장전이 급등하기 전에는 71% 정도였던 것을 감안하면 간격이 매우 크게 벌어졌다. 래미안장전의 급등세는 이어졌다. 1개월 만에 12%가 올라 11억 1,300만 원이 되었다. 하지만 이때는 금정산SK뷰도 비슷한 상승세를 보였다. 11%가 올라 6억 3,700만 원이 되었다. 래미안장전 시세의 57% 정도가 되었다.

그로부터 9개월이 지나는 동안 래미안장전은 횡보했다. 11억 1,000만 원에서 변화가 없었다. 반면 금정산SK뷰는 17%가 올랐다. 7억 4,500만 원으로 래미안장전 시세의 67%에 도달했다. 부산의 부동산도 마찬가지로 2022년부터 곤두박질쳤다. 2023년 1월 래미안장전은 8억 5,000만 원이 되었다. 고점 대비 23%가 빠졌다. 금정산SK뷰도 똑같이 23%가 빠졌다. 2023년 8월 래미안장전은 조금 더 하락해 8억 2,400만 원이 되었다. 금정산SK뷰도 내렸다. 8%인 4,400만 원이 하락했다. 래미안장전 시세의 64%가 되었다. 래미안장전의 상승이 시작하기 직전에는 71%였고, 11개월이 지나 금정산SK뷰가 상승하기 직전에는 58%로 시세가 크게 벌어졌지만 뒷심을 발휘해 2021년 8월에는 67%까지 따라붙었다. 하락장 때 두 아파트는 비슷한 비율로 하락해 지금은 64%

가 되었다. 이제는 래미안장전이 올라야 금정산SK뷰도 오를 수 있는 가격이다. 래미안장전이 먼저 오르고 시차를 두고 금정산SK뷰가 상승하는 패턴이 이어질 것으로 예상한다.

연결성 실사례5
– 울산

울산광역시의 부동산 시장은 2016~2019년까지 차가웠다. 공급 과잉의 영향이 컸다. 수도권 부동산 시장이 2015년부터 상승세를 시작한 것과는 대조적인 흐름이었다. 2019년 대규모 입주가 끝나고서야 오랜 시간 이어진 보합권에서 벗어나기 시작했다.

울산광역시 아파트의 입주량과 수요량

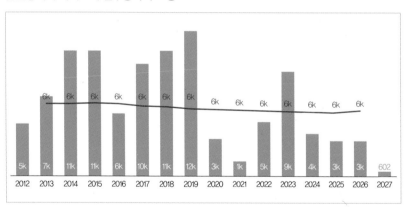

출처 : 부동산지인

10년간 서울특별시와 울산광역시의 매매지수 변화 추이

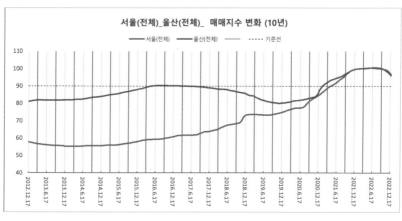

서울(전체)_울산(전체)_ 매매지수 변화 (10년)

— 서울(전체)   — 울산(전체)   ····· 기준선

출처 : KB부동산 아파트매매지수

부동산 상승은 대체로 대장 아파트에서 시작된다. 울산광역시의 대장 아파트는 문수로2차아이파크다. 1단지, 2단지가 길 하나를 두고 마주보고 있다. 하나의 단지로 봐도 무방하다. 두 단지를 합치면 1,000세대가 넘는다. 학군지로 유명한 울산 남구 옥동에 인접한 신축 아파트라서 인기가 매우 높다. 2016년 1월 실거래가 평균은 5억 1,500만 원이다. 2019년 10월 실거래 평균은 5억 9,300만 원이다. 3년 9개월간 15%가 올랐다. 1년에 채 4%도 오르지 않았다. 그러다가 2019년 10월부터 본격적인 가격 상승이 일어났다. 응축된 상승 에너지가 한 번에 터지듯 가파르게 올랐다. 2개월 만에 28%가 올라 2019년 12월 실거래가 평균은 7억 6,000만 원에 도달했다. 상승세는 멈추지 않고 지속되었고, 10개월이 지난 2020년 10월에 10억 8,000만 원에 거래되었다. 무려 42%나 상승했다.

울산 문수로2차아이파크의 시세 흐름

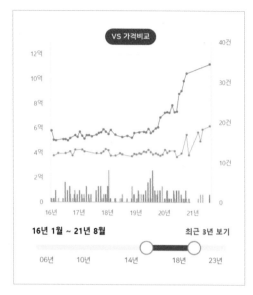

출처 : 아실 사이트

울산 문수로2차아이파크1단지와 남외푸르지오2차의 시세 비교(좌)
울산 남외푸르지오2차와 울산 e편한세상전하1단지의 시세 비교(우)

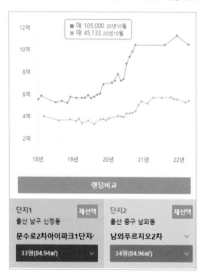

출처 : 아실 사이트

출처 : 아실 사이트

일시	남외푸르지오2차			아파트 간 시세 비율	e편한세상전하1단지		
	변동 비율	변동가격	가격		변동 비율	변동가격	가격
2020.01	–	–	3억 8,700만 원	97%	–	–	3억 7,400만 원
2020.09	13%	5,100만 원	4억 3,800만 원	89%	4%	1,400만 원	3억 8,800만 원
2020.12	23%	1억 200만 원	5억 4,000만 원	92%	14%	5,500만 원	4억 4,300만 원
2021.05	6%	3,500만 원	5억 7,500만 원	79%	3%	1,400만 원	4억 5,700만 원
2021.10	1%	300만 원	5억 7,800만 원	85%	8%	3,600만 원	4억 9,300만 원
2023.02	-19%	1억 1,000만 원	4억 6,800만 원	84%	-20%	1억 100만 원	3억 9,200만 원
2023.09	12%	5,700만 원	5억 2,500만 원	80%	7%	2,700만 원	4억 1,900만 원

　　대장 아파트보다 시세가 아래쪽에 있는 아파트들도 시차를 두고 순차적으로 상승했다. 가격 비교를 할 울산 중구에 위치한 남외푸르지오2차도 2020년 1월부터 상승하기 시작했다. 문수로2차아이파크가 2019년 10월부터 상승한 것을 감안하면 3개월 정도의 시차가 생긴 것이다.

　　울산 중구보다 시세가 낮은 동구는 그보다 더 늦게 상승했다. 울산 동구 전하동에 위치한 대단지 e편한세상전하1단지와 중구에 위치한 남외푸르지오2차의 가격을 비교해보자. 남외푸르지오2차의 상승이 시작되던 2020년 1월에는 두 아파트의 차이가 1,300만 원이었다. 2020년 9월에 남외푸르지오2차는 4억 3,800만 원이 되었고, e편한세상전하1단지는 3억 8,800만 원에 머물렀다. 남외푸르지오2차가 13% 상승하는 동안 e편한세상전하1단지는 4% 상승에 그쳤기 때문에 가격 차이가 5,000만 원으로 벌어졌다. 두 아파트는 2021년 5월까지 꾸준히 상승했다. 남외푸르지오2차는 5억 7,500만 원, e편한세상전하1단지는 4억 5,700만 원에 거래되었다. e편한세상전하1단지의 가격이 남외푸르지오2차 시세의 79%가 되었다. 2020년 1월에 남외푸르지오2차의 97%였던 점을 감안하면 가격 차이가 많이 벌어진 것이다.

　　상승 시작 시점이 늦었던 e편한세상전하1단지가 조금 더 올랐다. 2021

년 10월에는 남외푸르지오2차 가격의 85%가 되었다. 그러다가 2022년 상반기부터 두 아파트는 함께 하락했다. 2023년 2월에 남외푸르지오2차는 4억 6,800만 원, e편한세상전하1단지는 3억 9,200만 원에 거래되었다. 두 아파트의 시세 차이가 좁혀졌다. 남외푸르지오2차가 먼저 반등했다. 2023년 9월, 5억 2,500만 원에 거래되었다. e편한세상전하1단지도 2,700만 원 상승했다. 하지만 상승률이 남외푸르지오2차에 비해 낮았다. 남외푸르지오2차 시세의 80% 정도다. 과거의 시세 흐름으로 본다면 e편한세상전하1단지가 더 상승할 여력이 있어 보인다.

연결성 실사례6
- 서울1

서울의 연결성 사례를 살펴보자. 비교할 두 단지는 입주 당시 아픔이 있었다는 공통점이 있다. 한 아파트는 2008년 금융위기 직후에 입주했다. 이 영향으로 모든 세대가 입주하는 데 시간이 많이 걸렸다. 비교할 다른 아파트는 수도권의 부동산 시장이 차가울 때 분양해 미분양이 났고, 미분양 해소에 시간이 꽤 걸렸다. 모든 세대가 입주하는 데도 시간이 많이 필요했다. 지금은 각 지역을 대표하는 아파트가 되었다.

잠실엘스와 마포래미안푸르지오다. 잠실엘스는 2호선 잠실 새내역 초역세권에 위치해 있다. 9호선 종합운동장역도 도보로 이동 가능하다. 잠실 리센츠와 함께 잠실을 대표하는 단지다. 단지 규모가 상당히 크다. 5,678세대나 된다. 단지 내에 초, 중, 고등학교가 모두 위치해 있을 정도다. 마포래미안푸르지오도 3,885세대나 되는 대단지다. 지금은 마포래미안푸르지오 주변에 신축 아파트가 많이 생겼지만, 2014년 준공 후 최근까지 신축 희소 가치를 누렸다. 수도권에 사는 사람이라면 한 번쯤은 들어봤을 만큼 대표성을 띄는 아파트가 되었다. 두 아파트는 직진 거리로 약 13km 떨어져 있다. 차로 30분은 달려야 도착할 만큼 떨어져 있지만 연결성을 갖는다. 그 양상을 함께 살펴보자.

먼저 상승한 것은 잠실엘스다. 2019년 1월부터 꾸준히 올랐다. 평균 실거

서울 잠실엘스와 마포래미안푸르지오의 가격 비교

출처 : 아실 사이트

래가가 15억 4,800만 원에서 5개월 동안 17억 원으로 올랐다. 반면 마포래미안푸르지오는 같은 기간 동안 약보합권이었다. 14억 원에서 소폭 떨어진 13억 4,000만 원에 거래되었다. 2019년 1월에는 잠실엘스 가격의 90%까지 근접했다. 두 아파트의 가격 차이는 1억 4,800만 원이었다. 2019년 6월에는 79%까지 벌어져 3억 6,000만 원의 차이를 보였다. 2019년 6월부터 2021년 8월까지 두 아파트 모두 상승했다. 상승하는 기울기가 비슷했다. 잠실엘스는 23억 9,200만 원이 되었고, 마포래미안푸르지오는 18억 7,000만 원이 되었다. 잠실엘스의 78%에 해당하는 가격이다. 이후 5개월간 잠실엘스만 올랐다. 2022년 3월 실거래가 평균은 26억 7,000만 원이 되었다. 마포래미안푸르지오는 제자리걸음을 했다. 2,000만 원 올라 18억 9,000만 원이 되었다. 잠실엘스 가격의 71%다. 최근 3년간 가장 큰 가격 차이인 7억 8,000만 원이었다.

2022년 하반기에는 두 아파트 모두 가격이 급락했다. 잠실엘스의 시세가 더 가파르게 떨어졌다. 11개월간 26%가 하락해 2023년 1월에 19억 6,700만 원이 되었다. 마포래미안푸르지오는 16% 하락했다. 15억 8,200만 원이 되었다. 잠실엘스와의 가격 차이가 3억 8,500만 원까지 좁혀졌다. 잠실엘스가 먼저 반등했다. 가격 차이는 다시 커졌다. 3개월간 7%가 올라 2023년 4월에 20억 9,800만 원이 되었다. 반면, 마포래미안푸르지오는 2,200만 원이 내렸다. 15억 6,000만 원에 거래되었다. 잠실엘스의 74%에 해당하는 가격이다. 2019년 1월에 90%, 2023년 1월에 80%까지 근접했던 시기와 비교하면 격차가 벌어졌다. 향후 잠실엘스의 가격이 내려오거나 마포래미안푸르지오의 가격이 올라가서 가격 차이는 좁혀질 것이라고 예상할 수 있다.

| | 잠실엘스 | | | 아파트 간 시세 비율 | 마포래미안푸르지오 | | |
일시	변동 비율	변동가격	가격		변동 비율	변동가격	가격
2019.01	–	–	15억 4,800만 원	90%	–	–	14억 원
2019.06	10%	1억 5,200만 원	17억 원	79%	-1%	6,000만 원	13억 4,000만 원
2019.11	15%	2억 4,700만 원	19억 4,700만 원	78%	13%	1억 7,600만 원	15억 1,600만 원
2020.06	6%	1억 900만 원	20억 5,600만 원	75%	3%	4,000만 원	15억 5,600만 원
2021.08	16%	3억 3,600만 원	23억 9,200만 원	78%	20%	3억 1,400만 원	18억 7,000만 원
2022.03	12%	2억 7,800만 원	26억 7,000만 원	71%	1%	2,000만 원	18억 9,000만 원
2023.01	-26%	-7억 300만 원	19억 6,700만 원	80%	-16%	-3억 800만 원	15억 8,200만 원
2023.04	7%	1억 3,100만 원	20억 9,800만 원	74%	-1%	-2,200만 원	15억 6,000만 원
2023.09	5%	1억 200만 원	22억 원	75%	5%	9,500만 원	16억 5,500만 원

이 사례에서 꼭 알아야 하는 핵심은 두 가지다. 첫 번째는 상급지가 먼저 상승한다는 것이다. 다른 사례에서도 예외는 없었다. 두 번째는 상급지가 하락폭이 적다는 것은 오해라는 사실이다. 많은 사람들이 상급지는 수요가 탄탄해서 석세 하락한다는 편견을 갖고 있다. '강남불패'라는 말이 있을 정도다. 장기적으로 보면 서울 강남과 같은 최상급지가 가장 많이 상승한 것은 맞다.

하지만 세세하게 들여다보면 강남이 급등한 이후 하락폭도 컸다. 상급지는 무작정 오르기만 한다는 오해는 버려야 한다. 서울의 상급지인 잠실엘스의 사례에서 명확하게 알 수 있다. 마포래미안푸르지오보다 더 가파르게 하락하지 않았는가? 많은 사람들이 그렇게 생각한다고 해서 사실로 받아들여서는 안 된다. 특히 투자의 세계에서는 그런 실수가 돌이킬 수 없는 큰 손해를 만든다.

연결성 실사례7
- 서울2

이번에는 서울 강북에 있는 두 아파트를 비교해보자. 첫 번째 아파트는 래미안크레시티다. 청량리역의 역세권 아파트다. 준공된 2013년에는 아파트 주변이 매우 낙후되어 있어서 사람들이 선호하는 주거지는 아니었다. 최근 빠르게 정비 중이다. 청량리역 인근의 높은 빌딩들은 과거 대학생들이 엠티를 떠나던 청량리역의 모습을 잊게 만들 정도다. 청량리의 역세권 개발이 활발히 진행중이므로 더 좋아질 것이다. 비교할 아파트는 길음뉴타운2단지푸르지오다. 길음뉴타운은 강북의 대표적인 뉴타운이다. 2003년부터 새 아파트가 입주하며 정비사업이 거의 완료되었고, 14,000세대가 넘는다. 길음뉴타운2단지푸르지오는 2005년에 준공되었다. 지어진 지 20년 가까이 되었지만 주변에 편의시설을 잘 갖추고 있어 사람들이 선호하는 아파트다.

2017년 초에는 두 아파트 모두 보합세였다. 래미안크레시티는 6억 1,200만 원에 거래되었고, 길음뉴타운2단지푸르지오는 4억 6,000만 원에 거래되었다. 래미안크레시티의 75%에 해당하는 시세였다. 2017년 하반기부터 래미안크레시티가 상승했다. 신축 선호가 반영되어 가파르게 올랐다. 반면, 길음뉴타운2단지푸르지오는 2018년 상반기까지 보합권에 머무르면서 두 아파트의 가격 차이가 커졌다. 2019년 3월, 래미안크레시티는 10억 원에 거래되었다. 길음뉴타운2단지푸르지오는 5억 3,000만 원에 매매되었다. 래미안크레시티 시세의 53%다. 이후 1년간 격차는 줄어들었다. 래미안크레시티의 상승은 주춤한 반면, 길음뉴타운2단지푸르지오가 꾸준히 올랐기 때문이다. 래미안크레시티는 1년간 12% 상승해 11억 1,500만 원이 되었다.

길음뉴타운2단지푸르지오는 무려 42%가 올랐다. 7억 5,200만 원에 거래되었다. 래미안크레시티의 67%까지 따라붙었다. 이후 1년간은 반대 양상을 보였다. 두 아파트 모두 급등했으나 래미안크레시티가 신축 선호로 인해 더 가파르게 상승했다. 42%가 올라 15억 8,700만 원에 거래되었다. 길음뉴타운2단지푸르지오는 28%가 올라 9억 6,600만 원이 되었다. 가격 차이가 다시 벌어졌다. 래미안크레시티의 61%에 해당하는 가격이다.

2021년 말부터 두 아파트 모두 하락했는데, 래미안크레시티의 하락폭이 더 컸다. 2023년 2월에 11억 4,200만 원이 되었다. 길음뉴타운2단지푸르지오는 7억 6,000만 원까지 떨어졌다. 래미안크레시티 가격의 67%다. 격차는 줄어들었다. 이후 함께 반등

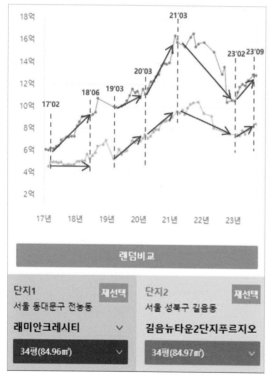

서울 동대문구 레미안크레시티와
성북구 길음뉴타운2단지푸르지오의 시세 비교

출처 : 아실 사이트

했다. 2023년 9월까지 모두 13%씩 올랐다. 래미안크레시티는 12억 9,600만 원, 길음뉴타운2단지푸르지오는 8억 6,000만 원까지 올랐다. 두 아파트의 가격 비율은 2023년 1월과 같다. 향후 래미안크레시티가 먼저 올라서 격차를 벌리면 길음뉴타운2단지푸르지오가 따라가는 모습이 될 것으로 예상된다.

| 일시 | 래미안크레시티 | | | 아파트 간 시세 비율 | 길음뉴타운2단지푸르지오 | | |
	변동 비율	변동가격	가격		변동 비율	변동가격	가격
2019.03	–	–	10억 원	53%	–	–	5억 3,000만 원
2020.03	12%	1억 1,500만 원	11억 1,500만 원	67%	42%	2억 2,200만 원	7억 5,200만 원
2021.03	42%	4억 7,200만 원	15억 8,700만 원	61%	28%	2억 1,400만 원	9억 6,600만 원
2021.09	5%	8,300만 원	16억 7,000만 원	62%	8%	7,400만 원	10억 4,000만 원
2023.02	-32%	–5억 2,800만 원	11억 4,200만 원	67%	-27%	–2억 8,000만 원	7억 6,000만 원
2023.09	13%	1억 5,400만 원	12억 9,600만 원	66%	1%	1억 원	8억 6,000만 원

다른 지역의 비슷한 가격대
아파트 비교

지금까지는 주변 지역 혹은 지리적으로 비교적 가까운 단지들 사이의 연결성에 대해서 살펴봤다. 입지, 연식, 학군 등 여러가지 이유에 의해서 아파트 가격이 정해지고 시기와 분위기에 따라 수요가 한쪽으로 몰리면서 먼저 상승 혹은 하락하고, 적정 가격이 형성된 뒤에 다른 아파트로 그 분위기가 전달되며 가격이 먼저 움직인 쪽을 따라간다는 것을 설명했다. 그런데 이 연결성은 가까운 지역 내 아파트에서만 발생하는 현상은 아니다. 신기하게도 전혀 다른 지역인데 가격의 흐름이 비슷하게 흘러가는 경우도 있고, 시차를 두고 따라가는 현상도 생긴다. 좁은 국토 안에서 사람의 생각이 비슷하기 때문에 일어나는 현상일 것이다. 이를 활용해서 다른 지역에 있더라도 가격대가 비슷하거나 비슷한 환경에 놓여 있는 아파트끼리의 가격 비교를 통해 현재의 가격이 싼지, 비싼지를 판별할 수 있을 것이다. 이번 챕터에서는 다른 지역에 있는 아파트들의 가격 비교를 통해 저평가 아파트를 선택하는 방법에 대한 이야기를 해보려고 한다.

비교 대상 아파트는 동탄, 김포, 파주의 아파트 중 가격이 비슷한 세 단지로 골라보았다.

비교 대상으로 선택한 동탄, 김포, 파주

출처 : 네이버지도, 저자 작성

 파주와 김포는 지리적으로는 멀지 않지만 두 지역의 교류가 크지 않다. 지하철 연결이 되어 있지 않고, 버스로도 일산을 통해 돌아가야 한다. 동탄과 김포는 지리적으로도 굉장히 멀리 떨어져 있다. 직선거리로 50km 이상이다. 화성 동탄은 경기도의 남단에 위치하고 있고 김포는 경기도의 서북쪽, 파주 운정은 북서쪽에 있다. 화성 동탄과 파주 운정은 GTX-A 노선 개통이 예정되어 있어서 지역 간의 연결성은 시간이 지남에 따라 강해질 수도 있다.

솔빛마을신도브래뉴, 한강신도시롯데캐슬, 해솔마을롯데캐슬7단지의 시세 흐름

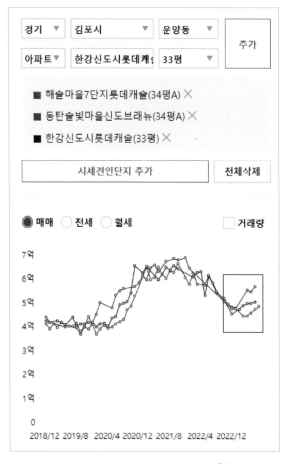

출처 : 아실 사이트

동탄의 솔빛마을신도브래뉴

김포의 한강신도시롯데캐슬

파주의 해솔마을롯데캐슬7단지

대략 4억 원대의 아파트인 이 세 곳을 선택해서 비교했다. 파주는 해솔마을 롯데캐슬7단지, 김포 한강신도시는 롯데캐슬, 동탄1신도시의 솔빛마을신도브래뉴다. 앞의 그래프에서 보는 것처럼 2019년 이전까지는 세 단지 모두 상승하기 전에 4억 원 전후에서 비슷한 가격 흐름을 보이고 있다. 2019년 하반기, 동탄의 상승이 먼저 일어나면서 5억 원까지 상승했다. 김포와 파주의 단지는 가격 변화 없이 4억 원에 멈춰 있다.

그러다가 대략 6개월 뒤인 2020년 상반기에 김포가 상승하기 시작했다. 김포 단지가 4억 원에서 5억 원까지 올라가는 동안 파주의 단지는 조금씩 오르는 것처럼 보이지만 4억 원 초반에 여전히 머물렀다. 시간이 지나 2020년 하반기가 되어서야 뒤늦게 따라갔다. 김포와 파주도 상승하는 데 시차가 있었다는 사실을 그래프를 통해 알 수 있다. 파주가 뒤늦게 상승한 뒤 2021년 상반기 세 단지는 6억 원대에서 다시 만났다. 세 곳은 서로 다른 지역에 있고 지리적으로 가깝지도 않지만 같은 가격에서 시작해 시차를 두고 다시 만났다.

우리가 2019년 말에 투자할 곳을 찾고 있거나 내 집을 마련하고자 고민을 하고 있었다고 가정해보자. 이 세 지역의 가격을 비교하는 중에 동탄이 먼저 상승했다는 것을 알아차렸다면 파주와 김포도 오를 수 있겠다는 생각을 해볼 수 있다. 만약 조금 늦게 발견해 김포는 상승했고, 파주가 여전히 4억 원 초반대에 있다는 사실을 알았다면 우리는 파주의 집을 싸게 살 수 있었을 것이다. 이제 곧 파주에 상승 에너지가 오기를 기대하면서 말이다.

· 비교 평가를 통해서도 투자 단지를 찾을 수 있다.

· 비슷한 가격대에서 시작 ➡ 시간 차이로 상승 ➡ 다시 만났다.

· 김포와 파주의 지평가 구간을 비교를 통해 찾아낼 수 있다.

2021년 거의 비슷한 가격에 고점을 찍었던 세 단지는 2022년 1월까지 하락할 때도 비슷한 양상을 보였다. 함께 4억 원 중반까지 떨어졌다. 그러다가 2022년 1월에 먼저 반등을 시작한 단지는 동탄에 있는 신도브래뉴였다. 2019년 하반기에 먼저 상승한 것처럼 세 단지 중에서 가장 먼저 올랐다. 그후 김포가 상승했고, 파주는 또 가장 늦게 반등했다. 2023년 9월 기준으로 동탄은 6억 원, 김포와 파주는 5억 원이다. 김포와 파주는 앞으로 어떻게 될까? 함께 예측해보자.

비교할 아파트를
선택하는 방법

연결성에서는 가격 비교가 핵심이다. 다양한 아파트 단지를 비교해서 어떤 단지가 저평가 또는 고평가되고 있는지 판단하는 것이다. 비교를 많이 할수록 예측 확률을 높일 수 있다. 앞서 연결성에 관한 내용을 보고 나도 할 수 있겠다는 자신감이 생겼을 것이다. 부동산 투자에 있어서 핵심적인 내용이지만 어렵지는 않기 때문에 꾸준히만 하면 충분히 좋은 투자를 할 수 있다. 그런데 막상 처음 시작해보려고 하면 어떤 단지를 선택해야 할지 막막할 것이다. 수많은 아파트를 비교하려니 엄두가 나지 않을 수 있다. 그런데, 기준만 세워놓으면 이런 고민은 손쉽게 해결할 수 있다. 아무 단지나 비교하게 되면 오히려 판단을 어렵게 할 수 있기 때문에 비교할 아파트를 선택하는 기준은 매우 중요하다. 이번 챕터에서는 비교할 아파트를 고르는 몇 가지 방법에 대해 이야기해보려고 한다.

가장 먼저 해야 할 것은 비교할 지역 혹은 동네의 대장 아파트를 찾는 것이다. 우선 여러분이 살고 있는 지역의 대장 아파트를 찾는 연습을 해보자. 대장 아파트는 각 지역을 대표하는 단지다. 그 지역에 살고 있는 사람들은 대장 아파트를 모를 리 없다. 여러분도 살고 있는 지역의 대장 이피트는 이미 알고 있을 가능성이 높다. 오래된 아파트라고 하더라도 대장 아파트는 그 지역 랜드

마크의 역할을 한다. 그 지역 사람이라면 대장 아파트에 살고 싶다는 마음을 가질 확률이 높다.

이렇다 보니 대장 아파트는 몇 가지 특성을 갖는다. 대장 아파트의 가격이 싸다는 생각이 들면 수요가 몰린다. 가격이 비싸도 갖고 싶은 물건은 사는 것이 사람의 심리다. 명품 브랜드는 경기에 큰 영향을 받지 않는다는 것이 이를 입증한다. 갖고 싶은 물건이 싸다고 느껴지면 어떻게 될까? 수요가 늘 것이다. 그래서 대장 아파트는 가격 방어가 잘된다. 물론 원래의 가치보다 큰 폭으로 올라서 버블 영역으로 가버리면 떨어지는 폭도 커진다. 그러나 일반적인 경우에는 가격 방어가 잘된다.

또한, 대출 금리가 낮아져서 돈을 싸게 빌릴 수 있는 상황이 되어도 대장 아파트를 사고자 하는 사람은 늘어난다. 경기가 좋아져서 소비심리가 살아날 때도 대장 아파트는 더욱 갖고 싶은 물건으로 변한다. 수요가 늘어나면 가격이 오른다. 수요와 공급의 법칙이다. 다른 아파트보다 대기 수요가 많기 때문에 대장 아파트는 가격이 먼저 움직이는 경향이 있다. 이런 특성을 갖고 있기 때문에 대장 아파트의 가격 흐름을 우선적으로 파악해야 한다. 대장 아파트도 다양한 평형대가 있을 수 있기 때문에 기준을 좁혀야 한다. 우리는 전용면적 84제곱미터, 공급면적 30평형대를 기준으로 삼을 것이다. 가장 보편적이고 수요가 많은 평형이기 때문이다.

대장 아파트는 어떻게 찾을 수 있을까? 대장 아파트를 찾는 방법은 여러 가지가 있다. 몇 가지를 소개해본다. 먼저 네이버 부동산 사이트에서 찾는 방법이다. 경기도 용인시 수지구를 예시로 살펴보자.

네이버 부동산으로 찾아본 용인시 수지구의 아파트들

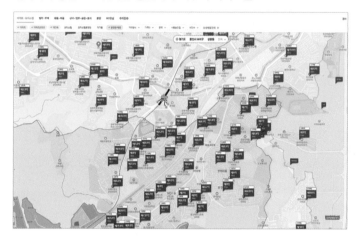

　수지구에는 정말 많은 아파트 단지들이 있다. 이 중에서 대장 아파트를 찾기 위해서는 다음 그림처럼 먼저 면적으로 필터를 걸어준다. 대략 31~37평으로 설정한다. 이 정도 평형이 전용면적 84제곱미터에 해당한다.

네이버 부동산으로 찾아본 용인시 수지구의 31~37평 아파트

네이버 부동산의 세대수 필터 기능

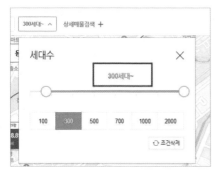

그다음으로는 가격 필터를 걸어준다. 전체 지도를 보면 30평형대 단지들의 가격이 대략 7억 원 전후로 보이고, 조금 높은 단지는 10억 원 이상도 보인다. 높은 가격으로 보이는 10억 원 이상을 선택해 필터를 적용해보자.

네이버 부동산의 가격 필터 기능

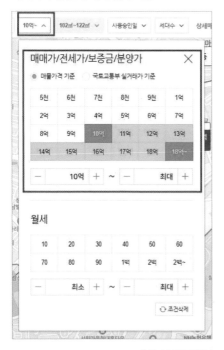

여기까지 하면 10억 원 이상의 매물이 있는 단지들만 보인다. 이 중에서 가장 높은 가격의 단지가 대장 아파트다. 다음 페이지의 지도에서 가장 비싼 아파트는 성복역 롯데캐슬골드타운이다. 성복역과 지하로 연결되어 있고, 롯데몰을 끼고 있는 단지라서 수지구의 대장 아파트다.

네이버 부동산의 가격 필터 기능으로 검색된 아파트

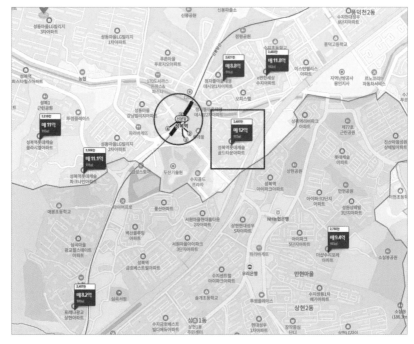

출처 : 네이버 부동산

네이버와 비슷하게 다음 자료처럼 '호갱노노' 사이트에서 찾을 수도 있다.
똑같이 면적이나 세대수, 그리고 가격 필터를 정해서 살펴볼 수 있다.

호갱노노 사이트에서 평형, 세대수, 가격 필터 기능을 이용해 검색한 화면

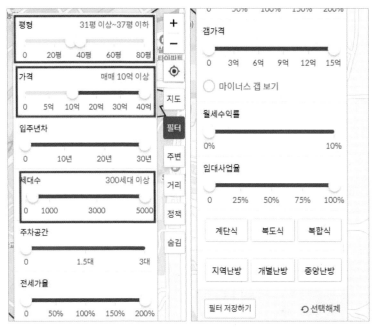

출처 : 호갱노노

호갱노노 사이트에서 찾아본 수지의 대장 아파트

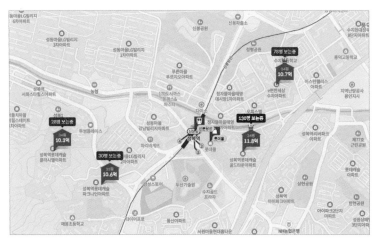

출처 : 호갱노노

호갱노노에서도 성복역 롯데캐슬골드타운 아파트가 대장 아파트로 나오는 것을 알 수 있다. 네이버는 매물 평균 가격이고 호갱노노는 실거래가 평균이기 때문에 지도상에 나오는 가격은 다르다는 것을 참고로 알아두자.

지도가 아닌 표로 찾는 방법도 있다. '부동산지인'과 '아실' 사이트를 활용하면 쉽다. 먼저 부동산지인 사이트를 살펴보자. 부동산 지인 사이트에서 '아파트 분석' 메뉴를 누르고 지역을 설정한다. 단지 필터 탭에서 다음 그림과 같이 원하는 세대수, 면적, 주택구분을 눌러준다.

부동산지인 사이트 검색 방법

그리고 검색을 누르면 다음 그림과 같이 표로 나온다. 표에서 가장 위에 있는 단지가 대장 아파트다. 네이버 부동산, 호갱노노와 같이 성복역 롯데캐슬골드타운이 대장 아파트로 나온다. 부동산지인에서 나오는 시세는 부동산 실

거래가와 매물 가격을 종합해 자체적으로 보여주고 있다. 네이버 부동산과 호갱노노와는 다른 단지가 대장 아파트로 나오기도 한다.

부동산지인에서 찾아본 용인 수지의 아파트들

★	비교추가	단지명 (총세대수)	평형 (세대수)	입주월 (연차)	매매		전세		전세율	매전갭	주변입주	지도
					시세	증감	시세	증감				
☆	⊘	성복역롯데캐슬골드타운 2731세대 ▦	34평 796세대 ⌂	2019-06 (4년차)	123,656 ↑	1,340	69,676 ↑	221	56%	53,980	⚲	⚲
☆	⊘	광교자이더클래스 1035세대 ▦	34평 164세대 ⌂	2012-07 (11년차)	121,141 ↓	-26	64,579 ↑	242	53%	56,562	⚲	⚲
☆	⊘	광교자이더클래스 1035세대 ▦	34평 158세대 ⌂	2012-07 (11년차)	121,140 ↓	-26	64,578 ↑	242	53%	56,562	⚲	⚲
☆	⊘	광교자이더클래스 1035세대 ▦	34평 296세대 ⌂	2012-07 (11년차)	121,070 ↓	-26	64,557 ↑	245	53%	56,513	⚲	⚲
☆	⊘	성복역롯데캐슬골드타운 2731세대 ▦	34평 1231세대 ⌂	2019-06 (4년차)	119,019 ↑	865	66,932 ↑	930	56%	52,087	⚲	⚲
☆	⊘	e편한세상수지 1517세대 ▦	34평 26세대 ⌂	2017-08 (6년차)	116,308 ↑	657	67,498 ↑	1,042	58%	48,810	⚲	⚲
☆	⊘	e편한세상수지 1517세대 ▦	34평 207세대 ⌂	2017-08 (6년차)	116,297 ↑	657	67,491 ↑	1,041	58%	48,806	⚲	⚲

출처 : 부동산지인

이번에는 아실로 가보자. '더보기 탭'을 클릭한 후 '최고가'를 선택하면 된다. 아실의 최고가 기능은 정해진 기간 내에 최고가로 거래된 아파트를 보여주는 기능이다.

아실 사이트에서 활용할 수 있는 최고가 기능

출처 : 아실 사이트

아실 사이트에서 찾아본 용인 수지의
최고가 아파트 순위

출처 : 아실 사이트

지역을 설정하고 면적은 전용 84제곱미터, 기간은 2023년 1월 1일로 선택했다. 결과를 보면 1위 성복역 롯데캐슬골드타운이 가장 높은 가격인 12억 7,000만 원에 거래되었다는 것을 알 수 있다. 이런 방법으로 대장 아파트를 찾아낼 수 있다.

가격으로 대장 아파트를 찾다 보면 신축 아파트가 선택되는 경우가 많다. 그런데 신축 아파트는 과거의 시세 흐름을 볼 수 없기 때문에 비교 대상으로 적합하지 않다. 이럴 때는 조금 연식이 있더라도 세대수가 많고 가격대가 높은 단지를 선택해 비교해야 한다. 개인적으로 세대수가 많은 구축 아파트를 비교 대상으로 선정하는 것을 좋아한다. 연식이 있음에도 불구하고 가격이 높다는 것은 입지가 좋은 곳에 있다는 의미고, 세대수가 많으면 거래가 많기 때문에 가격 흐름을 제대로 볼 수 있다.

동탄2신도시의 대장 아파트를 찾기 위해 필터를 적용한 지도

호갱노노에서 경기도 동탄2신도시의 대장 아파트를 찾기 위해서 필터를 적용한 그림이다. 여기서 대장 아파트는 동탄역 롯데캐슬이다. 하지만 동탄역 롯데캐슬은 2021년 7월에 입주한 단지이기 때문에 과거의 가격 흐름을 알 수 없다. 보통 입주 후 2년 동안은 거래가 적다. 입주 후 2년이 지나야 양도소득세 비과세 혜택의 자격이 주어지기도 하고, 소유권 이전등기 후 2년이 지나야 일반과세로 전환되기 때문이다. 동탄2를 비교할 때는 2015년에 입주한 동탄역 시범우남, 동탄역 시범더샵, 동탄역 시범한화를 비교 대상으로 선택하는 것이 좋다. 그중에서도 동탄역 시범더샵이 조금 더 가격이 높기는 하지만 전용면적 84제곱미터의 세대수가 적기 때문에 동탄역 시범우남을 선택하는 것이 좋다. 이런 이유로 앞서 연결성을 설명할 때도 동탄역 시범우남 아파트를 기

준으로 했다.

그다음으로는 그 동네의 2급지, 혹은 3급지에서 비교할 아파트를 선택하자. 이때도 세대수가 많은 곳을 고르는 것이 좋다. 선택한 단지와 대장 아파트를 비교해보자. 두 아파트의 가격 흐름이 어떤지 살펴보고 가격 차이가 나는 이유도 한번 생각해보자. 학군이 부족하다거나 상권이 떨어진다거나 하는 여러 이유가 있을 것이다. 수학 문제가 아니기 때문에 정답이 한 가지만 있는 것은 아니므로 스스로 다방면으로 생각해보는 것이 중요하다.

그다음으로는 상급지와 하급지가 어디인지를 찾아보는 것이다. 예시로 들었던 수지의 상급지는 광교, 조금 더 높게 보면 판교도 될 수 있다. 신분당선으로 연결되어 있어서 직접적으로 수요가 겹친다. 교통이 아니라 학군으로 보면 분당을 상급지로 볼 수 있다. 수지에서 아이 교육 때문에 분당으로 이사 가는 수요도 많기 때문이다. 하급지는 경부 고속도로를 사이에 두고 있는 죽전과 기흥으로 볼 수 있고, 조금 더 넓게 보면 수원 영통으로 볼 수도 있다. 상급지와 하급지를 어렵게 생각할 필요는 없다. 그 동네 사람들이 어디로 이사를 가고 싶어 하는지, 갈아타기를 많이 하는 곳이 어딘지를 파악해보면 알 수 있다.

상급지와 하급지를 찾았으면 상급지와 하급지의 대장 아파트를 똑같이 찾아본다. 그리고 대장 아파트끼리의 가격을 비교해보자. 시간에 따른 가격 흐름이 보일 것이다. 이렇게 하나씩 비교할 지역들을 넓히면 전혀 연관이 없을 것 같은 지역의 아파트와도 비교가 가능해진다. 우선 자신이 잘 알고 있는 동네부터 시작하자. 꾸준히 지역을 넓혀가면 시장 흐름을 이해하게 되고, 투자타이밍을 잡을 수 있을 것이다.

6

부동산 투자
고민 해결

내 집 마련
언제 해야 할까?

내 집 마련은 많은 사람들의 꿈이다. 그래서 언제 내 집 마련을 해야 하는가는 단골 주제다. 내 집 마련을 하는 데 큰돈이 필요하기 때문에 그런지 비싼 가격에는 정말 사기 싫고 가장 바닥에서 사고 싶어 한다. 그러다 보니 오르면 너무 비싼 것 같아서 못 사고, 내리면 더 내릴 것 같아서 못 사는 게 현실이다. 그러다가 꼭 상승장의 마지막에 나만 바보가 되는 것 같은 마음과 조급한 마음으로 집을 사게 된다. 무주택자 분들이 가장 많이 하는 질문이다.

"내 집 마련을 지금이라도 해야 하나요?"
"다시 하락하는 것을 기다렸다가 내 집 마련을 해야 할까요?"

정말 고민이 많이 될 수 있다. 무언가를 처음 할 때 걱정이 많을 수밖에 없다. 그런데 내가 가진 돈의 많은 부분, 아니 어쩌면 내가 가진 돈보다도 더 많은 돈을 써야 하기 때문에 걱정이 안 될 수가 없다. 한 번의 경험도 없다면 더 어려울 수밖에 없다. 그래서 더욱 조심스럽게 생각할 수밖에 없고, 보수적으로 생각할 수밖에 없다. 하지만 이런 상황에서 그냥 쉽게 포기해버린다면 좋은 결과가 있을 수 없다. 처음 시작할 때 장벽을 넘어설 수 있어야 성공이라는 길로 갈 수 있다. 선택에 정답은 없다. 하지만 내가 예상한 것과 다른 일이 벌어졌을 때 대응할 수 있는지, 안 되는지에 따라 선택하면 조금 더 나은 결정을 할 수 있다. 그것에 대해 이야기를 해보려고 한다.

　부동산은 다른 자산과는 다르게 무조건 시장에 참여해야 하는 자산이다. 집을 사든가 아니면 전월세로 살든가 둘 중 하나는 꼭 선택해야 한다. 그런데 전세는 2년 뒤 그대로 돌려받는 돈이라고 생각해서 큰 고민 없이 선택하는 경우가 많고, 집을 사는 것은 떨어질까 봐 선택하지 못하는 경우가 많다. 그러다가 꼭 집값이 많이 오른 다음에 이제는 더 늦으면 안 될 것 같은 조급함에 집을 사게 된다. 어떤 선택을 함에 있어서 손실을 볼 것 같은 선택을 피하려는 인간의 본능 때문이다. 심리학에서는 이것을 '손실 회피 심리'라고 한다. 불확실한 상황에서의 결정을 피하고 안전한 선택지를 선호하는 심리다. 전세는 돌려받는 돈이니 안전하고 집을 사는 것은 불확실성이 있으니 꺼리게 되는 게 당연하다는 것이다. 그래서 무주택자가 1주택자가 되는 선택을 쉽게 할 수 없는 것이다. 무주택자가 1주택자가 되는 것에는 그만큼 높은 허들이 있다. 그런데 1주택자는 더 큰 집으로 갈아타기를 하거나 2주택자가 되는 선택을 하는 게 무주택자의 선택보다는 훨씬 쉽다. 한 번의 경험을 해본 것과 안 해본 것은 사람이라는 동물에게 굉장히 큰 차이다. 물론 1주택자가 되고 나서 다음 스텝으로 가지 못하고 눌러앉는 사람도 많다.

　어쨌든 집값이 무지하게 떨어져서 내가 싸게 살 수 있으면 좋겠다고 생각하는 사람들은 많다. 하지만 2022년 집값이 평균 30% 전후로 떨어지는 와중에도 거래량은 역대 최소였다. 그만큼 떨어져도 사는 사람은 없다. 그리고 2023년 1월부터 반등을 시작했다. 바닥에서 다시 조금 오른 가격에 거래가 되기 시작한 것이다. 하지만 많은 사람들이 여전히 다시 떨어질 것을 걱정하고 있다.

"제가 사고 나서 얼마 안 있다가 하락하면 어떻게 해요?"라고 걱정할 수 있는데 이것에 대해 두 가지 시나리오로 생각해볼 수 있다.

반등 이후 상승 시나리오

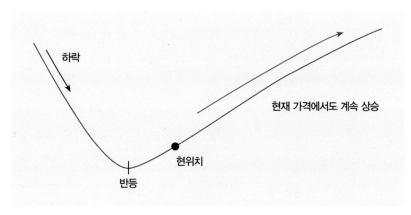

출처 : 저자 작성

첫 번째는 앞의 그림과 같은 케이스다. 하락을 하고 시장이 반등한 상황에서 내 집 마련을 했는데 내가 산 가격보다도 계속 상승하는 시나리오다. 이런 경우가 발생하게 되면 좋은 선택을 한 것이 된다. 아직 기준 금리가 높은 상황이고 인플레이션이 끝나지 않았지만 시장 금리는 낮아지고 있고, 부동산 완화정책도 지속적으로 나오고 있다. 그러다 보니 현재 상황이 가장 최악의 상황이고 앞으로는 좋아질 일이 더 많다고 볼 수도 있다. 지금이 바닥인 상황이 된다. 다시 기준 금리가 내려가고 부동산 완화정책이 더 나오게 되면 시장 심리는 단숨에 바뀔 가능성도 있다. 그러니 지금의 매수가 좋은 결과로 이어질 수도 있다.

만약에 다시 떨어질까 봐 두려워서 집을 사지 않았다고 해보자. 하락을 기대하고 집을 사지 않았는데 앞서처럼 계속 상승하는 시나리오가 나타난다면 내가 굉장히 잘못된 선택을 한 것이 되어버린다. 그리고 올라버린 비싼 가격에 집을 사거나 다시 떨어지기를 기도하는 것밖에 대응할 방법이 없다. 이런 심리를 가졌던 때가 언제일까? 바로 2019~2021년이다. 수도권으로 치면 2014~2021년까지의 상승장에서 계속 내 집 마련을 하지 못하다가 결국 2020년과 2021년 영끌로 뒤늦게 집을 산 경우다. 지금 이렇게 하락한 상황에서도 내 집 마련을 하지 못하면 결국 다시 비싸게 주고 살 수밖에 없는 시기가 올지도 모른다.

그러면 반대의 경우도 있을 수 있다. 내가 현재 내 집 마련을 했는데 다시 떨어지기 시작해서 내가 산 가격보다도 떨어지는 상황이다. 맞다. 이 시나리오도 불가능한 것은 아니다.

반등 이후 하락 시나리오

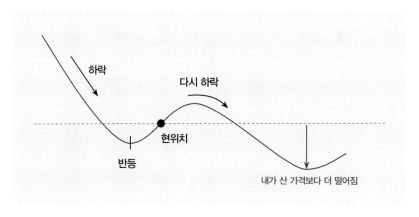

출처 : 저자 작성

충분히 하락했고, 앞으로 좋아질 일만 남았다고 예상해서 내 집 마련을 했는데 글로벌 경제 위기가 오거나 인플레이션이 더 심해져서 금리가 더 올라간다거나 하는 상황이 발생할지도 모른다. 깊게 파고들면 어느 시나리오가 더 발생 확률이 높은지 생각해볼 수 있지만 매우 어려운 일이다. 용기를 내서 내 집 마련을 했는데 두 번째 시나리오가 발생하면 잘못된 선택을 한 것처럼 보인다.

그런데 여기서 중요한 사실!
두 번째 시나리오가 발생하면 리스크 헷지가 가능하다.

장기적인 부동산 가격의 흐름

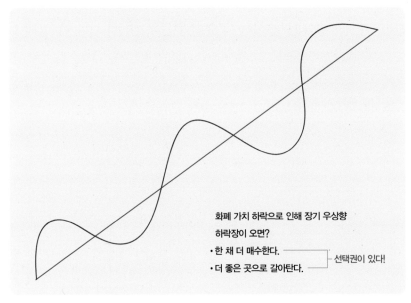

화폐 가치 하락으로 인해 장기 우상향 하락장이 오면?
• 한 채 더 매수한다.
• 더 좋은 곳으로 갈아탄다.
└ 선택권이 있다!

출처 : 저자 작성

우리 사회는 돈의 가치가 지속적으로 하락하도록 만들어져 있다. 화폐의 가치는 단기적으로 변동될 수 있지만, 장기적으로 보면 가치가 떨어지는 것이 일반적이다. 인류 역사상 처음 화폐가 등장한 이후로, 수천 년 동안 화폐의 가치가 떨어지지 않은 적은 없다. 그러다 보니 앞에서처럼 단기적으로는 가격이 출렁출렁거리지만 길게 보면 화폐 가치의 하락으로 인해서 장기 우상향으로 흘러가게 된다. 내 집이라면 특별한 이유가 있지 않는 한 오랫동안 살 수 있기 때문에 출렁거림에 조급해하지 않고 버틸 수 있다. 장기 우상향은 정말 긴 호흡이 필요하기 때문에 다시 하락하게 되면 더 상급지로 갈아타거나 한 채 더 매수하겠다고 다짐하면 된다. 하락장에는 상급지와 하급지의 가격 격차가 훨씬 더 줄어들기 때문에 적은 돈으로도 상급지로 갈아타기가 가능하다. 갈아타기는 하락장에 하는 것이 유리하다는 이야기는 이후에 다시 소개하겠다.

아니면 가격이 떨어졌다고 생각이 들었을 때 한 채 더 매수하는 전략도 가능하다. 앞에서 손실 회피 심리에 대해서 살펴본 것처럼 한 채를 사본 경험으로 한 채 더 사는 것은 처음 한 채를 사는 것보다 훨씬 쉽다. 지금 안 사고 나중에 하락하면 사겠다는 용기가 있다면 지금 사고 하락하면 한 채 더 사겠다는 용기를 내는 것은 더 쉬울 수 있다.

내 집 마련도 결국 이것저것 다 따졌을 때 리스크가 가장 적고 대응할 수 있는 선택을 해야 한다. 그냥 단순하게 '지금 사면 비싸게 주고 사는 것 같아서 호구되기가 싫다', '나중에 하락하면 사겠다'고 생각하는 것보다 말이다. 미래를 그냥 운에 맡기는 것보다는 나타날 수 있는 경우의 수를 따져보고 최적의 선택을 하는 게 맞다고 생각한다. 내가 선택한 경우가 그대로 나오면 나의 선택이 맞은 거니 좋은 결과를 누리면 되는 것이고, 반대로 내가 생각한 것과는 다른 시나리오가 펼쳐진다면 내가 대응할 수 있느냐를 따져보면 답이 나온다. 무주택자의 상태에서는 올랐을 때 대응할 수 있는 방법이 없다는 게 문제다. 그렇기 때문에 내 집 마련을 하는 데 있어서만큼은 타이밍을 재지 말고 내가 무리하지 않는 자금 내에서 계획을 세워 움직여야 한다. 그렇게 첫 집을 마

련한 이후에 계속해서 부동산 공부를 하고, 부동산 흐름을 체크한다면 상급
지로 갈아타기를 통해 혹은 다주택을 통해 자산을 불려나갈 수 있을 것이다.
무주택으로 있다가 한 번의 베팅으로 인생역전을 노린다면 결국 인간의 본성
에 휩쓸려서 쌀 때 못 사고 비쌀 때 조급함에 떠밀려 사는 결정을 하게 될 것
이다.

갈아타기는
언제 해야 할까?

집을 한번 사고 나면 갈아타고 싶을 때가 있다. 아이가 커서 더 큰 평수의 집으로 이사하고 싶고, 아이들 교육 때문에 학군지로 이사하고 싶고, 직장에서 가까운 곳으로 이사하고 싶고, 더 상급지로 이사하고 싶은 그런 마음이 들면서 갈아타기를 고민하게 된다. 더 좋은 지역, 더 좋은 집, 더 넓은 집으로 이사가고 싶은 마음은 누구나 갖는 마음이다. 그런데 많은 사람들이 갈아타기는 상승장 때 시도한다. 왜 그럴까? 결국 인간의 본성과 연결된다. 상승장 때는 내 친구, 내 지인이 더 좋은 집으로 이사 간다는 이야기도 듣고, 부동산으로 돈을 좀 벌었다는 이야기도 듣고, 내가 살고 있는 집의 가격도 오르니 돈을 벌었다는 생각에 더 좋은 집에 살아보고 싶은 그런 마음이 드는 것이다. 많은 사람들이 상승을 어느 정도 체감한 이후에 갈아타기 생각을 하게 되는 것이다.

그런데! 갈아타기는 상승장 때 하는 것보다는 시장이 좋지 않을 때 해야 된다. 왜 그럴까? 사람은 누구나 내가 살고 있는 지역 혹은 집보다 더 상급지 혹은 더 좋은 집으로 이사 가고 싶어 한다. 특별한 경우를 제외하고는 하급지로 이동하거나 평형을 줄이거나 하는 경우는 별로 없다. 그러다 보니 상급지로 가고 싶어 하는 수요는 항상 꾸준히 늘어난다. 특히, 상승장이 지속되면 내가 살고 있는 집의 가격도 올랐을 테니 돈을 번 것 같은 생각도 들고, 좀 더 무리해도 될 것 같고, 앞으로도 더 오를 것 같은 심리도 강해진다. 사람의 본성이기 때문에 절대 바뀌지 않는 심리다. 그렇게 수요가 증가하면 상급지의 집값은 오르게 된다. 하급지보다 상급지의 집값이 먼저 더 빠르게 오르는 이유다. 상승장 때 상급지와 하급지의 가격 차이는 많이 벌어지게 된다. 설령 같은 비율로 올랐다고 하더라도 상급지의 절대 금액이 더 높게 오르기 때문에 차이는 더 벌어진다.

예를 들어보자. A주택은 10억 원, B주택은 6억 원이었는데, 상승장 때 30%씩 올랐다고 해보자. 그러면 A주택은 13억 원, B주택은 7억 8,000만 원이 된다. 이전에는 4억 원의 차이였지만 상승이 지속되면서 가격 차이는 5억 2,000만 원으로 더 벌어지게 된다. 이전 사이클의 상승 시기에 우리는 주택 가격이 두세 배 오른 것을 봤다. 그럼 가격 차이는 엄청나게 벌어지지 않았을까? 10억 원짜리가 20억 원이 되고, 6억 원짜리가 12억 원이 되면, 기존 4억 원 차이에서 8억 원 차이로 크게 벌어진다. 그런데 상승장 때는 상급지가 비율로도 더 많이 오르기도 한다. 상승장이 지속되면서 사람들이 똘똘한 한 채를 더 선호하기 때문이다. 그러면 차이는 더 벌어질 것이다.

반대로 하락장 때는 상급지와 하급지의 가격 차이가 줄어든다. 그 말은 더 적은 돈으로 더 좋은 곳에 갈 수 있다는 말이다. 차이가 8억 원 하던 게 4억 원으로 줄어들고, 차이가 4억 원 하던 게 2억 원으로 줄어들었을 것이다. 하지만 많은 사람들은 하락장 때 갈아타기를 시도하지 않는다. 더 떨어질 것 같은 심리, 남들은 안 하는데 괜히 나 혼자 시도했다가 손해볼까 하는 두려움의 심리가 가득하기 때문이다.

실제 단지의 실거래 가격을 한번 보자. 잠실리센츠와 고덕아이파크의 가격 비교다. 실제로 서울 강동구 고덕에 살고 있는 사람들이 잠실로 갈아타기를 많이 하기도 하고, 지난 하락장이었던 2008~2014년에도 실거래가가 있는 단지라서 선택했다.

서울 잠실리센츠와 고덕아이파크의 하락장(좌)과 상승장(우) 시기의 시세 비교

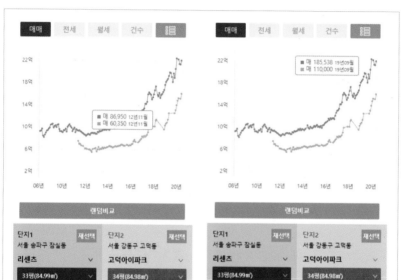

출처 : 아실 사이트

하락장이 지속되던 2012년 11월 실거래가를 보자. 잠실리센츠 33평형이 8억 6,000만 원이고, 고덕아이파크 34평형이 6억 원이다. 두 단지의 차이는 2억 6,000만 원이다. 그런데 상승장이 지속되던 2019년 9월을 살펴보면, 잠실리센츠는 18억 5,000만 원, 고덕아이파크는 11억 원으로 두 단지의 차이는 7억 5,000만 원으로 벌어졌다. 하락장 때는 적은 돈으로도 상급지로 이사 갈 수 있었다는 사실을 알 수 있다! 상승장 때는 훨씬 더 많은 돈을 마련해야 한다. 이 단지만 그런 것인가 하는 생각이 들지도 몰라서 다른 단지를 살펴보자.

분당 삼성한신과 수지 정자뜰마을태영데시앙1차 아파트의 하락장(좌)과 상승장(우)
시기의 시세 비교

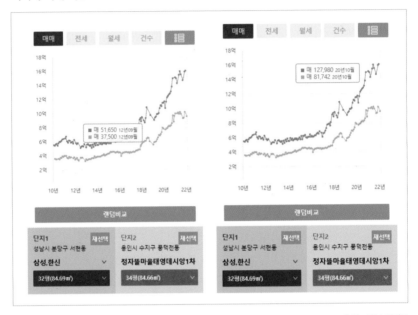

출처 : 아실 사이트

　분당과 수지의 단지 가격을 비교해봤다. 더 좋은 학군을 위해 수지에서 분당으로 갈아타기를 하는 수요가 굉장히 많다. 그중에서도 대표 단지인 분당 삼성한신과 수지 태영데시앙을 비교해보자. 2012년 9월에는 분당 삼성한신은 5억 1,000만 원, 수지 태영데시앙은 3억 7,000만 원이다. 두 단지의 차이는 1억 4,000만 원이다. 수지 태영데시앙에 살고 있었다면 내 집을 팔고 1억 4,000만 원을 보태서 분당으로 이사갈 수 있었다. 그런데 상승이 지속되고 있던 2020년 10월, 분당 삼성한신은 12억 8,000만 원, 수지 태영데시앙은 8억 1,000만 원의 실거래가를 찍었다. 두 단지의 차이는 4억 7,000만 원이 되었다. 시장이 좋지 않을 때는 1억 4,000만 원이면 이사 갈 수 있있는데 시장이 좋을 때는 4억 7,000만 원이라는 돈이 필요하게 된 것이다. 이렇게 보면 갈아타기는 언제 하는 것이 좋을지 답이 나온다.

하지만 머리로는 이해가 되지만 쉽게 실천하기 힘든 게 현실이다. 쉽게 이익을 얻을 수 있으면 세상 모든 사람들이 부자가 될 수 있을 것이다. 하락장때는 일단 내 집이 잘 안 팔린다. 갈아타기를 시도해서 성공만 하면 적은 돈을 갖고 더 좋은 집으로 갈아탈 수 있지만, 내 집을 파는 게 일단 난이도가 엄청나게 높다. 상급지의 집을 싸게 사는 것은 가능한데, 내 집을 파는 게 쉽지 않다. 그런데 사실 잘 따지고 보면 내 집을 싸게 팔더라도 상급지의 집을 싸게 사면 손해가 아니다. 오히려 이익이 될지도 모른다. 하지만 그런 시기에 내 집을 싸게 팔 수 있는 용기와 결단을 가진 사람이 드물다. 또한 상급지와의 가격 차이가 적더라도 그 어려운 시기에 자금을 마련하는 것도 쉽지 않다. 용기를 내서 대출을 받는 것도 쉽지 않을 것이고, 대출을 받더라도 금리가 높아서 이자 부담이 클 수 있다. 그러니 하락장 때 갈아타기하는 것이 아무리 더 좋을 것 같다고 해도 인간의 본성을 깨고 행동하기란 쉽지 않다.

그래도! 난이도가 높은 만큼 성공만 하면 내가 이익을 볼 확률이 높다는 것이고, 시도해볼 만한 가치가 있다. 남들과 다른 선택을 해야 돈을 벌 수 있다는 것은 갈아타기에서도 적용되는 논리다. 자본주의 시장에서의 진리이기도 하지만 인간의 본성이 허용하지 못하기 때문에 거기에 기회가 있는 것이다. 인간의 본성을 이겨내는 선택을 하는 도전, 그 도전을 해볼 것인가? 아니면 본성을 따르는 선택을 할 것인가?

부동산 공부를 하려고 하는데
무엇부터 해야 할까?

부동산 투자를 하겠다는 마음을 내비치면 부동산 공부를 꼭 하라는 이야기를 많이 듣는다. 꼭 부동산 투자가 아니더라도 내 집 마련을 하기 위해서라도 부동산 공부를 하라는 말은 많이 듣는다. 그런데, 부동산을 공부한다는 것은 무엇을 말하는 것일까? 뭘 해야 할까? 공부라는 게 가능한 분야일까? 많은 의문이 들 것이다.

지역 분석? 호재 조사? 입지 분석? 부동산 상품 공부?

부동산 세금? 부동산 정책? 부동산 이론? 부동산 임장?

중개소 소장님들과 인맥 쌓기? 부동산 경험 쌓기?

무엇을 해야 할까 적어보니 정말 끝도 없이 나온다. 부동산 공부라고 하면 그냥 간단할 것 같지만 따지고 보면 공부해야 할 것이 정말 많다. 할 게 많다 보니 처음 부동산 공부를 시작하는 '부린이' 입장에서는 뭐부터 해야 할지 모른다는 말이 절로 나올 것 같다. 사실 앞서 나열한 것들이 집을 잘 사고파는 데 중요하다. 사실 집을 사는 데 큰돈을 쓰는데도 불구하고, 제대로 공부도 안 하고 집을 사고파는 사람이 굉장히 많다.

앞에서 나열한 모든 것을 다 알고 있다면 제대로 투자할 수 있다. 하지만 대부분 처음부터 모든 것을 다 알고 시작할 수 없다. 경험하지 않고 공부만 한다고 알 수 있는 것들도 아니다. 이 많은 공부거리 중에서 가장 먼저 해야 할 것이 있다. 이걸 안 하고 다른 것은 공부해봤자 도움이 되지 않을 것이라고 자신 있게 이야기할 수 있다. 무엇을 먼저 공부해야 할까? 어떤 걸 공부하는 게 가장 중요할까? 나는 이 두 가지가 가장 중요하다고 생각한다.

첫째, 자신의 자금 상황 파악과 운용 계획
둘째, 싸게 살 수 있는 물건을 판단하는 능력

가장 필요한 것인데 많은 사람들이 많이 놓치고 있는 두 가지다. 먼저, 자신의 상황을 파악해야 한다. 많은 사람들이 자신의 자금에 대한 정확한 분석이 없고 운용 계획도 없이 그냥 지역만 분석한다. 어떤 사람은 자신이 살고 있는 지역의 호재만 찾기도 한다. 자신의 자금 상황을 먼저 정밀하게 분석하고 그에 맞는 것부터 시작하는 게 맞다. 내 연봉으로 얼마의 집을 사는 게 좋을지, 얼마까지 감당할 수 있을지, 이번에 얼마짜리를 사서 다음에 어떻게 갈아타기할 것이라는 목표를 세울지 등등. 자신의 상황을 객관적으로 바라보는 것부터가 공부의 시작이다. 내 상황에 맞춰서 내가 진짜 살 수 있을 만한 지역과 집부터 공부를 시작해야 한다. 그래야 진짜 살 수 있을 만한 집을 고민하게 되면서 더 깊게 분석하고 공부할 수 있게 된다. 설령 집을 못 사더라도 모의로라도 더 깊게 고민하게 된다. 그리고 내 상황에 대입해 공부를 시작하기 때문에 더 재미있게 지속할 수 있다.

두 번째로 싸게 사는 게 맞는지 판단할 수 있어야 한다. 제대로 파악한 내 상황에 맞춰서 말이다. 많은 사람들이 싼지, 비싼지 판단하지 못하고 그냥 자기 자금에 딱 맞는 곳만 찾아서 투자하기도 한다. 내 자금에 맞춰서 부동산을 사버리는 것은 너무 성급한 행동이다. 조급한 마음에 무리한 투자로 이어지고, 대응도 하지 못하고 대충 했다가 잘 안 되면 나는 부동산이랑 안 맞는 것 같다는 생각으로 쉽게 포기하기도 한다. 지역을 분석하고 호재를 찾기 전에 이 가격은 싼 것인가를 끊임없이 비교하면서 판단해야 한다. 싸게 사는 것! 이것만 잘해도 큰 이익을 낼 수 있다. 그리고 싸게 사야 내가 예상하지 못한 상황이 닥쳤을 때 버틸 수 있기도 하다. 나 또한 이 두 가지는 기본으로 끊임없이 체크한다.

첫째, 현재 내 자금의 상황, 대출 같은 것을 활용하는 스킬, 나의 현금 흐름 등으로 나의 자금력을 항상 체크하기!

둘째, 싼 물건을 찾기 위해 매일매일 경제 기사를 읽고, 지표들을 확인해 부동산 흐름을 파악하고, 개별 아파트 가격을 비교해 무엇이 싼지 체크하기!

나를 알고, 싼 것을 알면 백전백승이다.

부동산, 후회만 생기는데
어떻게 해야 할까?

우리는 많은 결정을 하면서 살아간다. 잘한 결정도 있는 반면 잘못된 결정을 할 때도 있다. 부동산 투자를 하면서도 수많은 결정 앞에 놓이게 된다. 그리고 잘 결정했다면 안도의 한숨과 성취감을 갖게 되고, 잘못된 결정을 했다고 생각하면 후회하게 된다. 그런데 잘된 결정인지 잘못된 결정인지를 판단하는 근거는 무엇일까? 집을 샀는데 오르면 잘한 결정이고 오르지 않으면 잘못된 결정일까? 대부분의 사람들은 결과만 보고 많은 후회를 한다. 이것 또한 인간이라면 본능적으로 생기는 마음이고, 이런 심리를 이겨낼 수 있어야 흔들리지 않고 투자에 성공할 수 있다고 생각한다.

사람들은 나타난 결과에 대해 많은 판단을 하고 후회를 한다. 결과에 따라 성공의 여부가 달라지는 것은 당연한 것이기는 하지만 그 결과라는 것은 시간에 따라 계속 바뀐다. 많은 사람들이 다주택자를 욕한다. 지금과 같은 하락장 또는 조정장에서는 별 관심을 갖지 않거나 꼴 좋다 하는 정도의 이야기만 하지만, 특히 상승이 지속될수록 다주택자들이 집을 많이 사서 집값이 너무 올랐다고 말한다. 심한 사람들은 보유세금을 엄청 물려야 한다는 이야기도 한다. 임대사업자 정책이 실패했다고 이야기하기도 한다. 이 모든 것이 집값이 올라간 결과만 보고 있기 때문이다.

부동산이라는 상품은 오를 때도 있고 내릴 때도 있다. 마냥 올라가기만 하는 상품은 아니다. 다행히 지금은 큰 폭으로 떨어져서 이 주제가 증명되기는 했지만 불과 얼마 전까지만 해도 부동산은 사기만 하면 그냥 오르는 상품이라는 말이 많았다. '강남 불패'라는 말도 항상 레퍼토리처럼 상승장의 단계에서 꼭 나온다. 상승장에서는 부동산은 우상향한다는 믿음으로 가득하고, 하락장에서는 부동산 가격은 이제 거품이다, 일본처럼 장기 하락할 것이라는 믿음이 가득하다. 부동산이라는 상품의 경우 장기적으로 보면 우상향하는 게 맞기는 하다. 다음 그림은 전국과 서울의 주택 매매가격 그래프다.

전국의 주택 매매가격 추이

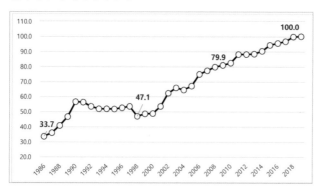

출처 : KB부동산

서울의 주택 매매가격 추이

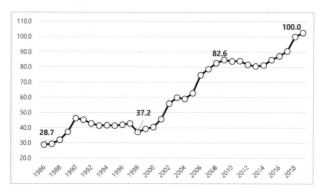

출처 : KB부동산

1986년부터 2020년까지 보면 주택 매매가격은 우상향하는 모습이다. 그러다 보니 많은 사람들이 오랫동안 들고 있으면 그냥 돈을 버는 상품으로 인식하기도 한다. 서울의 경우 1986년에 사서 들고 있었으면 평균적으로 4배는 벌었겠다고 생각할 수 있다. 평균 아파트 가격이 아니라 개별 아파트 단지로 보면 더 벌었을 것이다. 그런데 현실에서는 그렇게 쉽게 생각할 수 있는 문제가 아니다. 가만히 들여다보면 중간중간 출렁출렁하는 것이 쉽게 보일 것이다. 1980년대 말의 '3저(저유가, 저금리, 저환율)' 효과로 주택가격이 엄청 상승했다. 그 이후에는 조정을 겪었는데 그 기간이 결코 짧지 않다. 1990년부터 1993년까지 하락했고 거의 오르지 않다가 1997년에 좀 좋아질만 하니까 IMF를 맞아서 큰 폭으로 하락하게 되었다. 1990년대에 집을 가지고 있었던 사람들은 어떤 생각을 가지고 그 시기를 보냈을까? 과연 '장기로 그냥 가지고 있으면 어차피 오를 거야'라고 생각했을까? 8년 동안 오르지 않는 주택가격인데 집을 가지고 있던 사람들이 제대로 버틸 수나 있었을까?

IMF 위기가 지나고 2000년부터 우리나라 주택 가격은 다시 상승하기 시작했다. 2000년부터 2003년까지 찔끔 오른 것도 아니고 급격하게 상승했다. 10년 동안 못 오른 서러움을 폭발하는 것이었을지도 모른다. KB 서울 주택가격 지수는 40에서 60까지 무려 50%의 상승을 보여줬다. 전체 아파트 가격을 평균화한 지수가 50% 상승한 것이니 개별 아파트 단지로 보면 훨씬 더 많이 올랐다. 이렇게 보면 '2000년에 집을 샀으면 대박 났겠다'라는 생각이 들지 모른다. 그런데 현실적으로 생각해보자. 10년 동안 집값이 안 올랐고 IMF 때는 더 하락했는데 그 당시 집을 사려는 사람이 많았을까? 시간이 지나고 결과를 알고 난 뒤에 뒤돌아보니 '사면 좋았겠다'라는 생각을 하는 게 아닐까?

그 이후를 보자. 2000년부터 상승한 가격이 2004년 조정을 받게 되었다. 상승한 가격에 대한 피로감도 있었고, 이때 2003년 말 노무현 정부의 엄청난 규제도 있었다. 그리고 지역 균형 발전이라는 정책이 많이 나오면서 서울보다는 지방 활성화가 중점 사업이 되었다. 이런 상황에서 사람들은 어떤 선택을 했을까? 만약에 여러분이 그 시대에 있었다면 어떤 선택을 했을까? 2005년부터 2008년까지의 급등을 알지 못한다고 가정하고 상상해보자. 정말 2004년에 집을 살 수 있었을까? 가슴에 손을 얹고서 "예스!"라고 대답한다면 당신은 진정한 투자자가 맞다. 지금의 나라면 영혼까지 끌어서라도 돈을 구해 샀을 것 같다. 이미 많이 오르기는 했지만 규제로 인해 시장이 눌리는 현상이 있었기 때문이다. 하지만 부동산이라는 상품에 대해 오랜 기간 동안 경험하지 못했다면 오히려 집을 팔았을지도 모르겠다. 가격이 오른 것에 대한 피로감이 분명히 있었을 것이고, 규제에 대한 공포가 있었을 것이기 때문이다.

자, 이제 퀴즈다. 다음과 같은 시세 그래프를 보여주는 단지가 있다. 객관적으로 생각해보기 위해서 날짜를 지웠다. 가격의 흐름만 먼저 보고 생각해보자.

○○아파트, 실거래가 변화

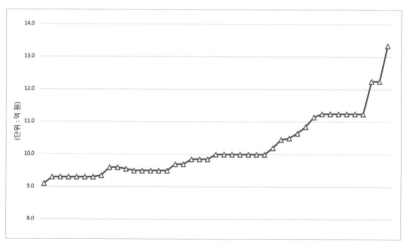

출처 : 국토교통부, 아실 사이트

왼쪽부터 오른쪽까지가 3년 반 동안의 실거래가 가격이다. 3년 반 동안 계속 상승한 아파트로, 3년 반 전 8억 5,000만 원에서 50% 정도 상승해서 12억 8,000만 원이 되었다. 이 시점에 집을 살까 하고 고민하고 있다고 가정해보자. 집을 사는 데는 가격 외의 여러 요인들이 있지만 지금은 딱 가격 정보만 있다고 가정해보자. 이 시점에서 과연 이 아파트를 살 것인가? 아니면 비싸다고 생각하고 안 살 것인가? 한번 눈을 감고 생각해보자. 가격만 보면 나 또한 비싸서 못 샀을 것 같다.

이제 결과를 한번 보자. 이 아파트의 가격은 이후 3년 동안 이렇게 흘러간다.

○○아파트, 실거래가 변화

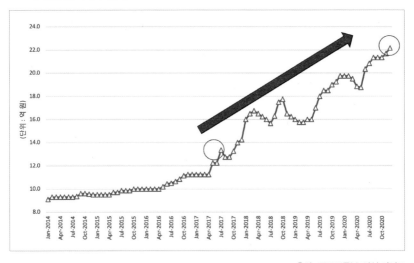

출처 : 국토교통부, 아실 사이트

8억 5,000만 원에서 12억 8,000만 원까지 상승한 이후 3년 반 동안 쭉쭉 상승해서 20억 원을 넘겼다. 중간중간 출렁거림이 있었지만 그래도 꾸준히 상승했다. 이쯤 되면 어느 단지인지 눈치를 채신 분들도 있을지 모른다. 이 아파트는 잠실엘스 33평형이다. 많은 사람들이 20억 원을 넘어선 가격을 지금은 부러워하지만 2017년 8월에 13억 원 가깝게 주고 산 사람은 고점을 잡은 건 아닌지 몹시 걱정했을지 모른다. 지나고 보면 잘 산 집이라고 생각했겠지만 이 집을 살까 말까 고민할 때는 머리털 빠지도록 고민했을 것이다. 더욱 이 이때는 8.2대책이라고 불리는 부동산 규제도 나오고 기사에 부동산 시장을 잡겠다는 정부의 힘찬 목소리도 많이 보였다. 지금이야 정부에서 규제를 내면 많은 사람들이 비웃지만 그 당시의 대책 때는 하락을 전망하는 사람들도 굉장히 많았다.

당시 중앙일보의 〈8. 2대책 한 달, 서울 은마아파트 1억 3,000만 원 내려〉라는 기사를 통해 재건축 아파트값이 0.54% 떨어지고, 개포·둔촌주공 등의 거래 절벽이 현실화되고 있다는 내용을 볼 수 있다. 이때 집을 산 사람들은 엄청난 스트레스와 함께 힘든 결정을 했을 것인데 지금은 그에 상응하는 이익을 봤을 것이다.

또 다른 단지의 가격 그래프가 있다.

○○아파트, 실거래가 변화

출처 : 국토교통부, 아실 사이트

이 단지도 3년 반 동안 6억 8,000만 원에서 11억 5,000만 원까지 상승했다. 이 아파트도 첫 번째 아파트에서 본 것처럼 그동안 많이 올랐지만 앞으로 더 오를까? 이 아파트의 가격은 이후 3년 동안 이렇게 흘러간다.

○○아파트, 실거래가 변화

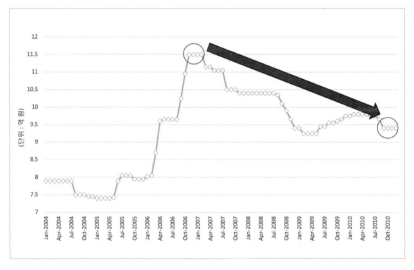

출처 : 국토교통부, 아실 사이트

앞서 사례와는 완전 다르게 움직인다. 이 아파트는 대치삼성1차 33평형이다. 그래프는 2003년부터 2010년 12월까지고, 2006년 12월 11억 5,000만 원을 최고점으로 찍고 쭉 빠져버렸다. 그리고 3년 뒤인 2009년 12월 9억 4,000만 원까지 빠졌다. 2010년 다시 조금 반등하는 것 같지만 2010년 12월 9억 4,000만 원으로 다시 떨어졌다. 그런데 이게 끝이 아니었다. 여기서 2년 뒤 2012년 12월에는 8억 4,000만 원까지 빠졌다. 2006년 12월 높은 가격이지만 더 오를 것이라고 기대하고 집을 산 사람은 긴 시간 동안 많이 힘들었을 것이다. 물론 2012~2013년에 8억 4,000만 원까지 빠졌던 이 아파트는 지금 20억 원을 훌쩍 넘었다. 계속 버틴 사람은 지금은 행복하겠지만 중간에 이제 부동산은 끝이구나 생각하고 팔아버린 사람은 지금 땅을 치고 후회하고 있을 것이다.

결과를 보고 난 뒤 되돌아보면 이 단지는 올랐구나, 이 단지는 내렸구나를 판단하기 쉽다. '결혼할 때 무리해서라도 집을 살걸…', '2년 전에 전세로 들어가지 말고 집을 살걸…', '다주택자들은 집으로 수익을 너무 많이 내는 것 같다. 다 빼앗아야 한다…' 등등. 하지만 이것은 모두 결과를 봤기 때문에 할 수 있는 생각이다. 결과론적인 후회와 판단이다. 결과를 모른 채 현재의 시점에서 보면 앞으로 상승할지 하락할지는 50%대 50%다. 100%는 없다. 내가 베팅한 것이 맞으면 수익을 얻는 것이고, 1%의 확률이라도 틀리면 손해를 보게 되는 게 투자의 세계인 것이다.

나타난 결과를 보고 과거의 선택을 후회한다면 비슷한 기회가 온다고 해도 같은 선택을 하게 될 것이라고 생각한다. 지금 자신의 과거 선택을 후회하고 있거나 다른 사람의 결과만 보고 시기와 질투를 하고 있다면 인간의 본성대로 살지 말고 한번 깨보자. 나는 왜 후회하는지, 나는 왜 그렇게 행동하지 못했는지를 복기해보고, 지금의 나는 무엇을 준비하고 행동해야 하는지 결심하는 게 필요하다.

- 그 결정이 틀린 이유는 무엇이었을까?
- 그 당시 내가 몰랐던 것은 무엇이 있었을까?
- 결정한 이후에 어떤 상황이 펼쳐져서 가격이 상승하거나 하락한 것일까? 어떤 것을 공부해야 그때 못 봤던 것들을 볼 수 있을까?

이런 고민들을 항상 치열하게 하고 기록에 남겨놓으면 분명히 다음 기회는 잡을 수 있을 것이다. 분명한 건 부자는 다수가 아니고 소수다. 리스크가 낮아지고 성공 확률이 높아지는 시기는 다수가 움직이는 시기가 아닌 소수가 움직이는 시기다. 100명 중에 99명이 "예"라고 대답할 때 "아니오"를 답할 수 있어야 기회를 잡을 수 있다. 과거의 나의 선택과 행동에 대한 치열한 고민과 반성은 다음에 소수의 선택을 할 수 있는 용기를 줄 수 있을 것이다. 나타난 결과만 보고 판단하지 말고 그 결과를 만들어낼 수 있는 좋은 선택을 할 수 있도록 준비하는 것이 어떨까?

갈아타기할 때 선매수 후매도와 선매도 후매수, 어떤 게 나을까?

주택을 가진 사람들이 상급지로 이사를 가거나 평형을 키워서 더 큰 집으로 갈아타기를 많이 한다. 이럴 때 보통 두 가지의 선택권이 있다.

1. 먼저 살고 있는 집을 매도하고 난 뒤 이사갈 집을 매수하는 것(선매도 후매수)
2. 먼저 이사갈 집을 매수한 뒤 살고 있는 집을 매도하는 것(선매수 후매도)

보통 이 두 가지 중 어떤 것을 선택해야 하는지 고민한다. 둘 중에 어떤 것이 좋은지만 생각하고 물어보지만 각각 좋은 점과 안 좋은 점을 제대로 알고 있는 사람은 별로 없는 것 같다. 둘 중에 정답은 없다. 시기에 따라서 다른 선택을 해야 한다. 먼저 두 선택의 장단점을 살펴보자.

1번 선매도 후매수는 자금을 안정적으로 굴릴 수 있다. 먼저 팔고 난 뒤 다음 이사 갈 집을 찾을 것이기 때문에 팔고 난 다음 생기는 자금과 내가 가지고 있는 자금에 딱 맞춰서 이사 갈 집을 고르면 된다. 이 방법의 단점은 이사 갈 집이 보통 더 높은 가격이기 때문에 내가 원하는 가격에 사지 못할 수도 있다. 상승장에서는 상급지의 가격 상승이 하급지의 가격 상승보다 빠르고 상승 폭도 크기 때문이다.

예를 들면, 내가 5억 원짜리 집에 살고 있고 7억 원짜리 집으로 이사 가려고 하는 상황이라고 해보자. 상승 분위기가 퍼져 있을 때는 5억 원짜리 현재 집을 팔고 나서 이사 갈 집을 사려고 보면 7억 원이었던 그 집은 이미 8억 원, 9억 원으로 올라가 있을 것이다. 내 집을 팔고 2억 원 모은 돈을 더해서 이사 갈 계획을 세웠는데, 2억 원이 아니라 3억 원 이상 필요하게 되어버린다. 이런 경우, 내 집은 팔았는데 자금이 부족해서 원래 가고 싶은 곳으로 가지 못하게 되는 사람도 종종 있다.

2번 선매수 후매도는 1번의 단점을 극복할 수 있다. 상급지를 먼저 매수하고 내 집을 팔면 더욱 더 이득을 볼 수도 있다. 이사 갈 집을 적당한 가격에 붙들어놓고 내 집을 비싸게 팔면 일석이조다. 앞서 예와 똑같이, 내가 5억 원짜리 집에 살고 있고 7억 원짜리 집으로 이사 가려고 하는 상황에서 7억 원짜리 집을 먼저 산다. 그리고 상승 분위기를 제대로 타서 내 집을 5억 원이 아니라 6억 원에 팔게 된다면, 양쪽 집에서 이득을 얻을 수 있게 된다. 하지만 이 방법의 최대 단점은 리스크가 크다는 것이다. 7억 원짜리 집을 사고 내 집을 5억 원에는 꼭 팔아야 되는데 갑자기 시장 분위기가 침체되어서 내 집이 안 팔리면 큰 손해를 보게 될 수 있다는 것이다.

2021년 하반기 이후 갈아타기를 시도한 사람들이 자기 집을 팔지 못하게 되면서 더 큰 하락 폭을 보여주었다. 내 집을 팔지 못하면 양쪽에서 손해가 크기 때문에 싸게라도 팔아야겠다는 생각에 호가를 낮춰서 내놓았다. 매수를 하려는 사람은 없는데 매도하려는 사람은 많아지고 급해지는 사람은 많아지니 가격에 경쟁이 붙어서 호가가 빠르게 내려갔다. 그래서 2022년에 가장 크게 하락한 지역이 갈아타기가 활발하게 일어나는 잠실, 광교, 동탄, 송도 등의 지역이었다.

시장 분위기가 좋다 보니 나도 좋은 집으로 이사 가야지 하고 갈아타기를 하면서 선매수를 했는데 갑자기 대출 규제가 빡빡해지고 시장 분위기가 급속도로 나빠지면서 내 집이 팔리지 않는 상황이 발생한 것이다. 내 집을 더 비싸게 팔려고 했지만 원래 가격은커녕 더 낮춰도 팔리지가 않는다. 매수세가 끊기면 가격이 문제가 아니게 된다. 그래서 시장 분위기 파악이 굉장히 중요하다. 투자자가 아니고 그냥 갈아타기를 하는 분들도 말이다. 상승장이 지속될 것같을 때는 선매수 후매도, 규제가 나올 것 같은 분위기가 있거나 충분히 오른 상황일 때는 안전하게 선매도 후매수를 하는 것이 좋다.

대부분의 사람들이 평생 살면서 부동산 계약을 몇 번 하지 않는다. 그러다 보니 대부분 적절한 타이밍을 캐치하지 못하고 고난의 길을 간다. 투자자가 아니더라도 부동산 공부를 평소에도 꾸준히 하고 시장 분위기를 계속 파악하는 게 중요한 이유다. 선매수 후매도가 상승장에서 돈을 벌 수 있는 좋은 방법이기는 하지만 그만큼 난이도가 높기 때문이다.

직장인은 시간이 없다

"시간은 금이다."

시간은 정말 값진 자원이라는 것을 나타내는 말이다. 하지만 시간의 가치는 사람마다 다르다. 우리 모두에게 매일 24시간이 주어진다. 그 시간 동안 누군가는 금값보다 비싼 가치를 생산해내고 또 다른 누군가는 생산력 하나 없이 시간을 소비한다. 전자가 되었든, 후자가 되었든 공통적으로 하는 말이 있다. "시간이 부족하다", "너무 바쁘다"라는 말이다. 시간이 남는다고 이야기하는 사람은 많지 않다. 시간을 효율적으로 쓰기란 매우 어렵다. 그럼에도 불구하고 직장인 투자자들은 그 어려운 것을 해내야 한다. 하루 8시간 이상을 직장에 쓰고 나면 스스로를 위해서 쓸 시간이 결코 많지 않다. 퇴근 후 고단한 몸으로 무언가를 해야 하는 만큼 짧은 시간에 생산성을 극대화하려는 노력을 반드시 해야 한다. 단순히 열심히 하는 것만으로는 한계가 있다. '열심히'보다는 '효율적으로'에 더 초점을 맞춰야 한다. 보통 사람들이 이야기하는 '시간이 없다', '바쁘다'와는 달리 직장인 투자자는 물리적으로 정말 시간이 부족하기 때문이다. 직장인이 부동산 투자를 하는 데 있어 생산성을 높일 수 있는 몇 가지 팁을 소개하고자 한다. 그리고 시간이 부족한 직장인들에게 맞지 않는 투자 방법도 소개해본다.

부동산 투자할 때 노가다 할 생각하지 말자.
임장만 주구장창할 필요는 없다!

부동산 투자자들 사이에는 임장을 부지런히 다녀야 한다는 것이 정설처럼 여겨진다. 임장이란 직접 해당 지역에 가서 탐방하는 것을 말한다. 많은 노동력과 시간을 써야만 하는 일이다. 현장으로 가는 이동 시간과 함께 그곳에서 걸어다니는 노동력, 현장의 공인중개소에 들어가서 정보를 수집하는 시간 등이 요구되는 일이 바로 임장이다. 예전에는 부동산 정보를 얻으려면 반드시 현장에 가야 했다. 몇 년 전까지만 해도 대부분의 공인중개소 유리창에는 부동산 매물 정보가 가득 붙여져 있었다. 그런데 지금은 이런 풍경이 낯설어졌다. 인터넷이 있어 원격으로도 정보 전달이 가능하기 때문이다. 지역마다 활용하는 주된 도구가 다르기는 하지만 네이버 부동산에 거의 모든 부동산 매물 정보가 등록된다. 특히 아파트 매물은 하나도 빠짐없이 올라온다고 해도 과언이 아니다. 다수의 매도를 해본 나의 경험으로 보면 매물 접수를 위해 공인중개소 소장님께 전화했을 때, 대부분의 소장님들이 네이버 부동산에 등록하겠다는 말씀을 하셨다. 그만큼 네이버 부동산에 매물을 접수하는 것은 일반화되어 있다.

현장에 가야 급매를 얻을 수 있다고 주장하는 분들이 있다. 현장 근처에 있는 공인중개소에 방문해서 소장님과 친분을 쌓아야 급매 정보를 받을 수 있다고 한다. 이분들께 되물어보고 싶다. 그렇게 해서 매수한 급매가 몇 건이나 있는지? 나도 한두 번 현장에서 급매를 잡아본 적이 있다. 정말 우연이었다. 중개소 소장님과 대화를 나누고 있는 중에 매도자가 매물 접수 전화를 했고 나에게 바로 소개를 해준 적이 있었다. 이런 기막힌 우연을 원하고, 그런 행운이 자신한테 올 수 있다고 믿는 분들은 로또를 사는 게 편한 방법이다. 부동산 투자를 하는 데 있어 현장을 방문하는 것은 매우 중요하다. 현장의 생생한 느낌을 글이나 그림이 대체하기는 어려운 건 사실이다. 하지만 그보다 더 중요한 것은 정보 수집이다. 필요한 정보는 컴퓨터 혹은 스마트폰으로 상당 부분 얻을 수 있다. 특히 최근에는 부동산 관련 정보를 제공해주는 사이트나 어플이 많다. 원한다면 부동산 투자에 필요한 거의 모든 정보를 온라인으로 얻을 수 있다고 해도 과언이 아니다.

내가 우연히 현장에서 급매를 잡을 수 있었던 배경은 사전 정보를 충분히 얻었음에 있다. 해당 아파트의 시세와 매물 조건들을 파악하고 있었기에 급매를 받자마자 좋은 조건이라는 것을 판단할 수 있었다. 사전 정보 없이 급매를 받으면 그것이 급매인지 아닌지 판단조차 안 될 것이다. 나에게 좋은 매물이면 다른 사람들에게도 좋은 매물이다. 그런 매물은 빠르게 결정해야 한다. 그렇지 않으면 다른 사람이 기회를 가져간다. 얼마 전 또 우연한 기회에 매우 좋은 조건의 매물 정보를 받았다. 현장에서 받은 정보가 아니다. 시세 파악 겸 좋은 매물이 있는지 알아보기 위해 중개소 소장님과 통화를 몇 차례 한 적이 있었는데, 그 소장님이 나에게 문자로 매물 정보를 주셨다. 정상 매물이 맞나 싶을 정도의 급매였다. 바로 전화를 했다. 나에게 10분의 시간을 달라고 소장님께 요청했다. 분명 다른 사람에게도 같은 매물 정보를 보냈을 것이기 때문에 10분이라도 우선권을 얻어야 했다. 빠르게 계산했다. 그리고 혹시 해당 물건지의 시세가 급변했는지 체크했다. 10분 이내에 파악했다. 그 소장님께 다시 전화해서 좀 더 상세한 매물 정보를 파악한 후 바로 계약을 진행했다. 내가 현장에 없었음에도 불구하고 급매를 잡을 수 있었던 이유는 사전에 시세를 정확히 파악하고 있었기 때문이다. 공인중개소 소장님들은 매물 홍보를 위해 '급매'라는 단어를 자주 쓴다. 진짜 급매인지 아닌지는 스스로 판단해야 한다. 사전에 시세를 포함한 정보를 알고 있지 않다면 이 판단을 할 수 없다. 급매는 현장에 있는 것이 아니라 사전 정보에 있다.

앞서 이야기한 것처럼 부동산 투자를 하는 데 있어 현장 방문은 매우 중요하다는 생각에는 이견이 없다. 하지만 모든 정보를 현장에서 얻으려고 노력하지는 말아야 한다. 임장은 해당 지역까지 가는 시간, 그리고 그곳에서 돌아다니는 노동력을 생각하면 생산적인 활동은 아니다. 90% 이상의 정보를 온라인으로 먼저 파악하는 것이 좋다. 현장에서는 온라인에서 얻은 정보가 맞는지 틀리는지 검증하고, 원격으로는 파악하기 어려운 매물의 컨디션을 알아보는 데만 집중해야 한다. 해당 물건지의 동네 분위기라든지 그 물건의 조망은 현장에서만 확인할 수 있다. 그리고 결로가 있는지 도배 상태가 어떤지는 사진으로 확인하는 데 한계가 있다. 현장에서 확인해야 한다. 온라인에서 손쉽게 얻을 수 있는 정보를 임장 가서 얻으려고 한다면 여러분의 소중한 노동력을 낭비하는 꼴이다.

임장을 가서 그 지역 호재를 얻으라고 주장하는 사람들도 있다. 그러나 내 경험으로는 호재야말로 온라인에서 얻는 게 정확하다고 생각한다. 오히려 현장의 공인중개소 소장님들은 실현되기 어려운 호재도 사실인 것처럼 이야기해서 혼선을 일으키는 경우가 간혹 있다. 대부분의 호재는 인터넷 검색으로 충분히 파악할 수 있다. 그리고 해당 지역 맘카페나 그 지역에 특화된 커뮤니티를 통해 검색으로 알기 어려운 정보도 얻을 수 있다.

무엇보다 부동산 시세에 영향을 줄 만한 굵직한 호재들은 정부에서 공식적으로 발표한다. 임장에서 얻는 특별한 정보는 노이즈일 가능성이 높다. 그리고 요즘은 '아실' 사이트나 '호갱노노' 같은 무료 서비스를 통해 최근 실거래가도 정확하게 파악할 수 있다. 매물 정보는 네이버 부동산에서 대부분 파악이 가능하다. 온라인에서 본 매물 중 괜찮은 매물을 찾으면 중개소 소장님께 전화를 먼저 해보자. 그 매물의 컨디션뿐만 아니라 그 지역의 부동산 시장 분위기까지 상세한 설명을 들을 수 있을 것이다.

3군데 이상의 공인중개소 소장님과 통화를 하면 대략적인 시세와 매물 정보를 좀 더 정확히 파악할 수 있다. 예를 들어 네이버 부동산에는 최저가 매물이 3억 5,000만 원이지만 전화를 통해 3억 4,000만 원까지 협상이 가능하다는 이야기를 듣는다면 시세를 3억 4,000만 원으로 수정하는 것이다. 이렇게 정보 수집이 끝나면 그 지역이 투자할 만한 곳인지 아닌지 판단해야 한다. 주변 시세보다 싸다고 결정이 되면 최종적으로 방문 예약을 잡는다. 현장에서 매물 컨디션 파악을 하기 위해서다. 우리의 노동력과 시간은 귀하다고 여기고 헛되게 쓰지 말아야 한다. 좀 더 효율적으로 더 생산적으로 활용해야 한다. 그리고 현장에 간다면 한 번에 3군데 이상의 매물을 방문하는 것이 좋다. 현장으로 가고 오는 시간이 아깝기 때문에 이왕 간 김에 여러 개의 매물을 직접 보는 것이 효과적이다. 매물을 직접 눈으로 확인했다고 꼭 매수할 필요는 없다. 많은 사람들이 '매몰 비용의 오류'에 빠지곤 한다. 임장을 위해 들어간 노동과 시간이 아깝게 느껴지며 뭐라도 사고 싶은 심리가 발동할 수 있다. 이것을 경계해야 한다. 특히 사전 조사 없이 임장만 간 사람들이 이런 실수를 저지르기 쉽다. 도박해서 잃은 돈은 이미 없어진 돈이다. 그 돈이 아까워서 따려고 하다 보면 도박 중독에 빠진다. 준비 없는 임장으로 인해 매수 중독에 빠지지 말자. 특히 '금사빠(금방 사랑에 빠지는 유형의 사람)'인 사람들은 조심하자!

경매 - 시간이 부족한 직장인에게는 맞지 않다

부동산 투자를 위해 경매를 배우는 사람들이 있다. 경매는 부동산을 싸게 살 수 있는 좋은 방법임에는 틀림없다. 일반 매매는 누구나 매수를 할 수 있지만 경매는 참여자가 적어 경쟁이 덜한 장점이 있다. 그 덕에 일반적인 부동산 시장 가격보다 저렴하게 매수가 가능하다. 또한 일반적인 매매가보다 비싸다면 절차가 더 까다로운 경매로 매수할 필요가 없기 때문에 경매 낙찰가가 일반 거래가보다는 낮은 게 일반적이다. 경매는 국가에서 인정하는 감정평가사에 의해 감정가가 정해지기 때문에 거래 가격에 있어 더 합리적인 장점도 있다. 이 외에도 경매를 배움으로써 물건 분석, 권리 분석 등을 통해 투자 실력을 향상시킬 수도 있다. 경매를 통한 부동산 매수는 분명 장점이 많다. 그러나 직장인 투자자에게는 권하고 싶지 않다.

첫 번째, 일반 매매에 비해 많은 시간이 들어간다.

강제 매각, 긴급 매각, 상속 등 다양한 이유로 경매가 이루어지기 때문에 경매에 나온 물건의 특성을 파악하는 데 시간이 들어간다. 그 후 권리 관계를 파악하는 데도 많은 시간이 소요된다. 대항력 있는 임차인이 정상적으로 권리를 주장하고 있는 상태인지, 경매 물건의 원소유주가 거짓으로 권리권 주장을 하고 있는지를 정확히 알기 위해서는 물건지를 수차례 방문하는 경우가 허다하다. 권리 관계를 정확히 파악한 후에는 경매 입찰을 위해 법원에 가야 한다. 경매는 평일에만 진행하므로 직장인은 휴가를 써야 경매 입찰이 가능하다.

입찰에 참여한다고 낙찰이 가능한가? 그렇지 않다. 제일 높은 입찰가를 쓴 사람이 낙찰을 받는다. 패찰을 한다면 그냥 휴가만 날린 셈이 된다. 1등과 얼마 차이 나지 않는 입찰가를 썼다면 아쉬움이 더 클 것이다. 한두 번 패찰을 하면 연차를 쓰고 권리 분석한 것이 아까워서 꼭 낙찰을 받겠다는 욕심이 생길 것이다. 입찰가를 높일 가능성이 높다. 그렇다면 싸게 매수할 수 있는 기회를 잃게 되므로 경매를 통한 매수가 의미가 없어진다. 부동산 투자에서 경매는 좋은 수단이기는 하나 시간이 부족한 직장인에게 어울리는 방법은 아니다.

두 번째, 정신력 고갈을 야기할 수 있다.

경매를 낙찰받은 이후에도 할 일이 남아 있다. 잔금을 치르고 소유권을 얻는 과정은 자금만 마련되면 쉽게 할 수 있다. 하지만 마지막 관문이 남아 있다. 바로 명도를 하는 일이다. 명도는 토지나 건물을 점유하고 있는 사람을 옮기는 것을 의미한다. 법률 용어로는 인도라고 한다. 대부분의 경매 물건은 점유자가 있다. 일반적으로는 기존 임차인이 점유하고 있는 경우가 많다. 법적으로는 기존 임차인이라고 하더라도 경매로 인해 변경된 소유주의 허락 없이 거주하는 것은 불법이다. 하지만 기존 임차인도 의도치 않게 손해를 본 경우이므로 쉽게 이사 가는 일은 거의 없다. 이사비 등을 통해 합의하는 경우가 대부분이다. 경매는 법원에서 결정된 일이기에 법의 도움을 받을 수는 있다. 법원의 인도명령으로 기존 임차인을 강제 퇴거시킬 수 있다. 하지만 명도 소송이 선행되어야 하며 명도 소송에서 승소해야만 강제 집행이 가능하다. 많은 시간과 노력이 소요되는 일이다. 소유권을 확보했다 하더라도 명도를 완료하지 않으면 실제적인 소유권을 활용할 수 없다. 집이 비워지지 않은 상태에서 누가 임차인으로 들어올 것이며 누가 매수를 하겠는가? 명도가 끝나는 기간까지 투자금이 묶이는 부담은 물론 명도 소송과 강제 집행에 들어가는 정신적 노력이 만만치 않다. 전업 투자자라면 고갈된 정신력을 채울 수 있는 여유가 있을 수 있겠으나 직장인은 그럴 수가 없다. 힘들어도 출근해야 한다. 잘못하다 정서적 탈진인 번 아웃(Burn-out)에 빠지기 십상이다. 부업을 잘하려다 본업을 망치는 꼴이다.

세 번째, 알맞는 선택지를 찾기가 어렵다.

일반 매매의 대상은 너무나도 많다. 대단지인 1,000세대 아파트라면 최소 30개 이상의 매물이 있는 것이 일반적이다. 소형부터 중소형, 중대형, 대형까지 크기도 다양하다. 뿐만 아니라 저층부터 고층, 구축부터 신축까지 이루 다 말할 수 없을 정도로 다양한 물건들이 존재한다. 그러므로 일반 매매로 매수를 한다면 당신의 투자금 규모에 맞고, 성향에도 맞는 투자처를 고르기 수월하다. 반면, 경매 물건은 서울시 하나의 자치구에 나오는 아파트 물건이 1개월에 50건 남짓이다. 그중에서 당신에서 맞는 투자처를 찾는 것은 매우 어려울 뿐더러 그 물건을 당신이 낙찰받는다는 보장도 없다. 투자처에 당신을 맞추기보다 당신에게 맞는 투자처를 찾는 것이 현명하지 않겠는가?

이런 단점에도 불구하고 경매는 싸게 매수할 수 있는 좋은 수단이니 기회가 된다면 공부를 해놓는 것이 좋다. 단지 시간이 절대적으로 부족한 직장인에게 맞지 않는 방법일 뿐이다.

꼭 걸어다녀야 할까?

앞서 우리의 노동력과 시간을 귀하게 여기자고 했다. 투자금 대비 많은 수익을 올리기 위해 투자 공부를 하듯이, 투입된 노동력과 시간 대비 얻는 효과를 높이기 위해서 꾸준히 고민해야 한다. 임장 갔을 때도 마찬가지다. 효율적으로 임장할 수 있는 방법을 고민해야 한다. 현장 답사를 할 때 무작정 땀을 많이 흘리고 다리가 아플 정도로 걸어다니면 뿌듯해하는 사람들이 많다. 무언가를 열심히 했다는 만족감 때문일 것이다. 그런데 임장의 목적부터 다시 생각해볼 필요가 있다. 만약 운동이 우선이고 임장이 차순이라면 많이 걸어다니는 것이 좋다. 하지만 현장 답사가 우선이라면 비효율적으로 행동한 것이다. 온라인 상에서 확인하기 어려운 것을 현장에서 체크하는 것, 그것이 임장의 목적이다. 임장에 임할 때는 현장에 가서야 알 수 있는 그 동네의 분위기라든가, 아파트 단지 내 조경, 유동 인구 등을 파악하는 데 집중해야 한다. 경사도로가 있으면 얼마나 경사져 있는지 정도만 파악하면 되는데, 실제 걸어서 올라가야 한다는 사람들도 있다. 눈으로 봐도 도로가 얼마나 기울었는지 파악할 수 있다. 직접 걸어보며 힘듦의 정도를 느껴볼 필요는 없다. 힘듦은 그날의 몸 컨디션, 연령대, 성별에 따라 다 다르다. 임장 간 날 내가 힘들다고 모두 힘들다고 느끼는 것은 아니다. '경사가 꽤 가파르구나' 이 정도만 파악해도 목적 달성은 한 것이다. 그리고 역세권인지 아닌지 판단하기 위해 지하철역에서 아파트 단지까지 직접 걸어보는 분들도 많다. 네이버지도 또는 다음지도에서 거리를 잴 수 있다. 거리를 걷는 속도로 나누면 걸리는 시간이 나온다. 사람의 평균 걷는 속도는 시속 4~5킬로미터 정도로 1분에 66~83미터를 걷는다. 단순 계산으로도 아파트 단지에서 지하철역까지 얼마나 걸리는지 알 수 있다. 일반적으로 역에서 500미터 이내는 역세권, 1500미터 이내는 준역세권이라고 부른다. 명확한 기준이 있지는 않다. 역 입구에서 500미터 정도 떨어져 있으면 7~8분 정도에 아파트 단지까지 도달할 수 있다. 대체로 걸어서 10분 이내에 역 입구에 도달할 수 있으면 역세권이라고 부르는 것이다. 1500미터는 20분은 걸어야 도달할 수 있는 거리다. 역세권이라 부르기는 어렵다. 인터넷 포털 지도에서 거리만 재어봐도 역세권인지 아닌지 알 수 있다. 뿐만 아니라 출발지와 도착지만 입력하면 도보로 얼마나 걸리는지 인터넷 포털은 친절하게 알려준다. 시간과 노동을 효율적으로 쓰자.

동네 분위기를 느끼기 위해서는 그 동네를 둘러보는 게 좋다. 근데 꼭 걸어서 둘러볼 필요가 있을까? 자전거를 타고 속도감 있게 둘러봐도 되고, 전동 킥보드 같은 도구를 이용하면 힘들이지 않고 훨씬 더 많은 거리를 둘러볼 수 있다. 동네 분위기라는 것은 한두 가지의 요소로 판단되는 것이 아니다. 그 동네에 젊은 사람들이 많은지, 혹은 연세 있는 분들이 많은지, 아이들이 많이 사는지, 깔끔하게 정돈되어 있는지, 슈퍼마켓 등의 편의시설은 잘 갖추어져 있는지 등 다양한 요소로 판단된다. 이런 부분을 알기 위해 꼭 걸어야 하는가? 시간이 부족하다면 차로 둘러보는 것도 좋은 방법이다. 아니면 인터넷 포털 지도를 활용해서 로드뷰로 봐도 어느 정도까지는 동네 분위기가 파악이 된다. 최근에는 로드뷰도 상당히 빠르게 업데이트되어 불과 몇 달 전에 촬영된 거리 모습을 책상에 있는 컴퓨터 또는 손 안의 스마트폰으로 확인이 가능하다. 임장을 간다면 로드뷰에서 확인이 어려운 냄새, 소리 등에 집중해보는 것도 좋은 방법이다. 꼭 땀 흘리고 다리가 욱신거릴 때까지 노동을 해야만 무언가를 이룰 수 있다는 생각에서 벗어나자. 시간과 노동력을 효율적으로 활용할 방법을 끊임없이 고민해야 한다.

에필로그

지금까지 투자를 해야만 하는 이유, 투자하는 방법, 그리고 실전에 응용할 수 있는 소소한 팁을 알아보았다. '별 것 아닌데?'라는 생각이 들 것이다. 맞다. 누구나 할 수 있다. 비범한 사람들만 할 수 있는 특별한 것이 아니다. 평범한 내가 실제로 행한 것들이기 때문에 여러분도 할 수 있다. 지금 이 글을 읽는 마음만 유지하면 된다. 경제적으로 여유로운 당신의 미래 모습만 상상할 수 있으면 된다.

물론 막상 실행하려고 하면 쉽지 않을 수 있다. 익숙하지 않은 새로운 일을 해야 하므로 몸이 쉽게 움직이지 않을 것이다. 변화는 늘 불편하다. 하지만 변화하지 않으면 지금의 삶의 연장선에 있게 된다. 당신이 직장인이라면 지금부터 은퇴할 때까지 얻을 수 있는 소득은 정해져 있다. 당신이 마주하고 싶지 않은 불편한 진실일 뿐, 이미 당신도 알고 있다. 원치 않게 이른 은퇴를 한다면 예상한 소득보다 더 줄어들 가능성도 있다. 그 소득으로 여유 있는 노후를 보낼 수 있을지 고민해보자. 만약 그렇지 않다면 바뀌어야 한다. 지금까지 하지 않았던 행동을 해야 한다. 변화가 불편한 것은 잠깐이다. 곧 익숙해진다. 불편함에 대한 면역력은 생각보다 이른 시간에 생긴다.

운전을 처음 시작할 때 가속 페달에 발을 올려놓는 것도 무서웠던 기억이 있지 않은가? 좌회전을 해야 하는데 우측 깜빡이를 켜본 경험도 있을 것이다. 어려운 게 아니라 익숙하지 않았던 것이다. 운전을 시작한 지 한 달만 되어도 한 손으로 핸들을 잡는 여유를 부리지 않았던가? '나는 꼭 베스트 드라이버가 될 거야!'라는 굳은 의지를 갖고 운전을 시작하지 않았을 것이다. 그냥 운전을 해야 하기 때문에 낯설지만 행동으로 옮긴 것이다. 또, 계속 하다 보니 익숙해져서 여유가 생긴 것이다. 투자도 그런 마음으로 시작하자. 투자를 해야만 하기 때문에 투자 공부를 시작한다고 생각하자. 비록 처음에는 어색하지만 시간이 지나면 익숙해진다.

행동에도 관성의 법칙이 작용한다. 정지한 물체는 정지 상태를 유지하고자 한다. 그 물체에 비록 적은 힘이라도 가하면 움직이는 상태를 유지하려고 한다. 투자 공부도 마찬가지다. 우선 시작하고 나면 곧 탄력이 붙을 것이다. 단지 익숙해질 때까지의 불편함만 이겨내면 된다. 10분 만에 할 수 있는 일도 처음에는 1시간이 걸릴 수 있다. 익숙해지는 동안 '내가 이 고생을 해야 하나?'라는 의문이 들 수도 있다. 이때 부자가 되고 싶다는 마음을 다잡기 위해 이 책의 1~4 장을 다시 읽을 필요는 없다. 그 내용은 한 번만 읽으면 된다. 이미 당신도 투자해야 하는 이유는 알고 있다.

'내가 이 고생을 해야만 하나?' 하는 심란한 마음이 들 때는 우선 기분을 전환하자. 맛있는 음식을 먹는 것도 좋고, 짧은 여행을 떠나는 것도 좋다. 힘든 상태에서는 뭐든 꾸준히 하기 어렵다. 지금 하고 있는 투자 공부가 고통스럽다고 생각하면 동기부여가 사라진다. 그리고 투자 공부를 미루게 된다. 오늘 하지 않아도 내일 당장 문제가 생기는 일은 아니기 때문이다. 극한의 상태에서 쥐어짜는 노력은 끝이 있을 때만 하는 것이다. 투자는 끝이 없다. 평생 하는 것이다. 마음의 여유를 찾았다면 5, 6장을 다시 읽어보자. 5, 6장에서 단기적으로 싸게 살 수 있는 연결성과 장기적으로 싸게 살 수 있는 사이클을 이야기했다. 여기에 나오는 방법을 반복적으로 그냥 하자. 완벽하게 할 필요는 없다. 단지 이것을 행했기 때문에 당신은 투자에 성공할 확률을 높인 것이다. 반복적으로 꾸준히만 하면 때로는 공포로 가득하고 때로는 과욕으로 꽉 찬 인간의 본성을 이겨내고 대중과 반대로 나아갈 수 있게 될 것이다. 그리고 금전적으로 여유 있는 삶에 한 걸음 다가갈 수 있다.

무엇보다 스스로를 믿어라. 지금까지 많은 것들을 잘해냈기에 현재 당신이 있는 것이다. 스스로를 과소평가하지 말자. 당신이 투자에 소질이 있을 수도 있다. 단지 경험해보지 않았기 때문에 모르는 것이다. 또, 소질이 있어야만 투자를 잘할 수 있는 것도 아니다. 지금 당신이 하고 있는 일은 꼭 소질이 있어서 시작했는가? 그럼에도 잘해내고 있지 않는가? 꾸준히만 하면 된다. 하루하루는 큰 변화가 없더라도 어느 순간 돌아보면 달라져 있는 자신을 발견할 것이다. 그에 따라 자산도 상승해 있을 것이다. 초기에는 자산 상승의 폭이 미미할 수 있다. 실망할 필요가 없다. 복리의 마법은 반드시 일어난다. 그 마법은 시간을 필요로 할 뿐이다. 꾸준함만 유지하면 된다. 경제적으로 여유 있는 삶을 누리고 있는 당신의 모습을 상상하며 꾸준함을 잃지 말자.

부동산으로 시작하는
월급쟁이 탈출 프로젝트

제1판 1쇄 2024년 5월 1일

지은이　빠른느림보, 호랭이아빠
펴낸이　한성주
펴낸곳　㈜두드림미디어
책임편집　우민정
디자인　얼앤똘비악(earl_tolbiac@naver.com)

㈜두드림미디어
등록　2015년 3월 25일(제2022-000009호)
주소　서울시 강서구 공항대로 219, 620호, 621호
전화　02)333-3577
팩스　02)6455-3477
이메일　dodreamedia@naver.com(원고 투고 및 출판 관련 문의)
카페　https://cafe.naver.com/dodreamedia

ISBN　979-11-93210-72-7 (03320)